改变，从心开始

立 品 图 书·自觉·觉他
www.tobebooks.net
出 品

孔子随喜

薛仁明　著

图书在版编目（CIP）数据

孔子随喜 / 薛仁明著 -- 北京：中国文联出版社，2016.1
ISBN 978-7-5190-1126-0

Ⅰ. ①孔 … Ⅱ. ①薛… Ⅲ. ①孔丘（前 551 ~前 479）—人物研究 Ⅳ. ① B222.25

中国版本图书馆 CIP 数据核字（2016）第 027219 号

孔子随喜

著　　者：薛仁明

出 版 人：朱　庆
终 审 人：陈宝光　　复 审 人：苏　晶
责任编辑：蒋爱民　　责任校对：傅泉泽
封面设计：肖晋兴　　责任印制：陈　晨

出版发行：中国文联出版社
地　　址：北京市朝阳区农展馆南里 10 号，100125
电　　话：010-85923066（咨询） 85923000（编务） 85923020（邮购）
传　　真：010-85923000（总编室），010-85923020（发行部）
网　　址：http://www.clapnet.cn　　http://www.claplus.cn
E-mail：clap@clapnet.cn　　jiangam@clapnet.cn

印　　刷：三河市华晨印务有限公司
装　　订：三河市华晨印务有限公司
法律顾问：北京市天驰君泰律师事务所徐波律师
本书如有破损、缺页、装订错误，请与本社联系调换

开　　本：787 × 1092　　1/16
字　　数：140 千字　　印张：14.25
版　　次：2016 年 5 月第 1 版　　印次：2016 年 5 月第 1 次印刷
书　　号：ISBN 978-7-5190-1126-0
定　　价：36.00 元

目录

孔子十二章

论语随喜

附录

学问，惟在气象

林谷芳

谈中国水墨，你可以推崇范宽的巨碑山水，他磊落遒劲，使百家纤巧，喑哑俱废；你也可以心向倪瓒一河两岸的萧疏澹泊，逸笔草草，聊写胸中之气；而论曲尽其态，笔墨酣畅，“山川与予神遇而迹化”，许多人当推石涛为古今之最；谈平淡天真，雅洁远逸，有些人喜直指黄公望的理意兼顾。而即便八大的意境、笔墨，尤其是他那被大家忽略的山水是如此出格地让我觉得千古一人，但若要论气象、论吞吐，怎么说，也还得从蜀人张大千谈起。

朋友问我如何给大千下个断语，我说“气象万千，富贵逼人”。这富贵逼人是张大千极特殊之处，他画工笔、画仕女，乃至画钩金荷花，再半点俗气，就如同他过的日子般，令人欣羡，却不让人嫉妒，因为居停挥洒，自有一派风光。

风光是禅家语，这里触目即是，处处生机，正因禅心是活的。活，所以能出入、能吞吐。不过，要如此，还得先将自己打开，将学问打开。

将自己打开，是不泥于己，如此才能与境相应，眼界一换，所见就有不同；将学问打开，是不受限于法，回眸一望，乃满目青山。如此，于人于境，不画地自限，自然开阖自如，写史论人，对境应缘，就有不同气象。

气象是眼界、是格局、是丘壑，但较诸于此，它更有一番吞吐，可以周弥六合，可以退藏于密，无论横说竖说，总有一番气度、一番生机。

所以说，“富贵逼人”只是大千有时外显的相，“气象万千”才是他的根本。在画能不泥于法，从工笔临摹到泼墨泼彩，从册页到通屏，就都能大小无碍，随意进出。寻常说：人能大气所以不俗，这大气不是疏狂，而是开阖的气象。

论艺，要气象；看人，更得看气象。毕竟，艺之一事，尽可举生命之一端，将之极致，就能夺人眼目。而人，却必得全体契入，才有真正的生命成就可言。生命富于气象，山河大地乃尽是文章；生命缺乏气象，就只能封闭自持，顾影自怜。一个时光推移，益见丰富圆熟，一个则愈愤世酸腐，总觉老天为何独薄于己，高低之间，乃愈差愈大。我们看少时同负才情的两人，其后处境却有天渊之别，关键常就只在这生命气象的有无之上。

人如此，由人构成的历史更如此。一个时代能否有其气象，决定了这时代的成就。不从这入手，巨大的史料就变成永远的负担，别说寻章逐句可以累死多数人，即便有所梳理，也早就远离了那时代的精神，更无益于当下的生命。忘却气象，正因早已缺乏气象，而关键，就在宋代。

宋代有高度的文明成就原不待言，它是六朝隋唐以降胡化的终结者，这汉本土文化的复兴本非坏事，但可惜走过了头，走到绝对的夷夏之辨，周之后传入的东西乃尽归于须辟而废之的胡物。于是在宋，你就看到：

雅乐要回复先秦，却完全忽略了秦火之后，其原貌已难辨析，就一个黄钟音高为何，可以聚讼千年。

琴家说弹琴一有琵琶音，终生难人古矣！于是以幽微淡远为宗，最终，连扁舟五湖，一蓑江表，满头风雨，以心中之波涛映水云之翻腾，具现中国式交响的《潇湘水云》，在明代最著名的虞山派琴谱中也因其“音节繁复”而不录。

宋明理学援佛入儒，但骂起佛家，就像批杨墨：“出家，无父也，沙门不敬王者，无君也。无父无君者，禽兽也。”这等骂法，何止粗陋，更已似泼妇无赖之流了。

也所以，日本人比对五代编的《旧唐书》与欧阳修主编的《新唐书》，乃发觉《旧唐书》中一千一百多笔的佛教资料在《新唐书》中竟就不见，毕竟，面对“无父无君”的佛教，这等删法还算客气的呢！

以此，尽管宋有高度的文化成就，但这成就却可看成在胡化下沉潜待发的奋力一击，一击之后，却就每下愈况了。

每下愈况是因没了气象，在此，严的何只是夷夏之辨，还是雅俗之辨、正邪之辨，这影响对后世既深且远，于是：

宋之后，标举生死事小，失节事大，人须严合礼教，由此，除了花灯、秧歌、民俗庆典外，中国人已不能随意舞动肢体，细腻的舞蹈只能在戏曲中寻，而能有这个出口，还因演员扮演的是别人。

中国的琵琶是历史中唯一能与琴相颉颃消长的乐器，在唐是横抱拨弹，至明已直抱手弹，还发展出相信是今曲《十面埋伏》前身的《楚汉》一曲，其器乐化已臻巅峰，这转变何其之大！更是胡乐中国化的最好例证，但四五百年间竟无相关的琵琶史料，只因琵琶不仅是胡乐，还是俗乐！

而也就因宋儒的辟佛，即便佛教传入中国两千年，民间甚而“家家弥陀，户户观音”，谈起佛家，许多儒门中人到今天第一句也还是：“佛教不是中国固有的宗教。”

这样的事例不胜枚举，而就因画起圈圈，自拟正朔，缺了那吞吐开的气象，所以，于书画，即便文人多所寄寓，不乏大家，但真能开阖者，也常须于逸于格外者寻；于陶瓷，宋虽显其底气，至元明却仅能但探幽微，到清，则几乎只余玩物丧志；于音乐，则宋之前固灰飞烟灭，宋后则雅俗严分，难出大气；于文学，则宋词、元曲、明之小品文，皆极尽美言，却都少见酣畅；于思想，则文人之生活，尽管多出入三家，台面却只能标举儒门，此儒门还愈不可亲，最后士子就只能完全匍匐于科举之下，学问也只能死于句中；而中国人不再舞动肢体，居敬最直接的结果竟就是逐渐僵化的身体与想法。

所以说，这气象的有无、盛衰，才是了解中国千年以降文化变迁、生命转折的关键，但要识得此，却必须跳开宋文化成就带给我们的惯性与迷思。换句话说，谈人论史，谈者的本身就非得具备那吞吐古今的气象不可。

而老实说，仁明的这本书是有这点气象的！

这气象，出现在谈儒的孔子九章上，孔子本身就具气象，他当过大官，门人三千，虽不致三教九流，但来处不一，情性各异，他周游列国，要面对每次的不可预期，有南子者还相中他，怎么说，他都不像后世供奉的那种人。

这气象，直击宋儒的可敬不可亲，但更回归了作为一个活生生的人，孔子及其弟子的可能样貌，使我们读来，竟觉如睹斯人，《论语》、《史记・孔子世家》的每一章句，竟也变得如此可亲。

这些篇章量既不多，篇亦不长，但不只内容，文字的本身就体现了一种与孔门直通的气象，形式论辩几乎没有，娓娓道来却总神气十足，坦白说，能如此谈孔，谈得如此直接，如此不死于句下者，怕极难找！而谈的是儒，却及于其他，读史论学，仁明的文风，相应的正是中国人那具象直抒的风格。

就因这具象直抒，他谈宋儒的概念化，乃不致堕在概念里与之交锋；而也因此，在全书中，他屡次述及当代知识分子，包含一些诚恳博学，具反思，乃至力图实践者其学问及生命的局限时，也特别清朗易读。原来，虽从古老的中国走出，这些人却一样走入了那概念化，那不可亲，那只探生命幽微，却乏趣味、乏江湖、乏活泼乾坤的老路。

这样的书，从讲方法、谈概念的看来，既主观又没学问，但讲方法谈概念不正是当前学问最大的异化么？！谈禅之教学，我总喜欢举下面的应答：

东京天宁芙蓉道楷禅师，参投子，问："祖师言句如家常饭，离此之外，别有为人处么？"

子曰："汝道寰中天子敕，还假尧舜禹汤也无？"

的确，天子下敕，自说即为君命，何须假借权威，反观当代学界，言必谈出处，却从不问那原典如何产生，既为句下之徒，当然难以言那应缘而发的第一义。

而也正因祖师言句都从自己胸襟流出，所以即便盖天盖地，却总如寻常家饭般亲切。同样，真具气象者，其言尽管超乎惯性，笔下纵有王者之气，却因不假藉权威，不寻章逐句，不拨弄概念，不执著形式，也总令人觉得可亲，寻常人乃可在此无隔，在此印证。而离了这亲切，不要说难直指那生命学问的大义，首先异化的也就是言说者本人。

原来，学问无它，惟在气象。你能以生命气象对历史气象，以气象之笔举气象之人，谈史论事，为学说艺，何须雄辩再三，何须部繁帙重，平常道来，就有一番自家风光。

素看孔子

朱天文

如果把《论语》当成一部上乘的小说来看，如何？读完薛仁明《孔子随喜》，我感谢作者提供了这样一个视角，可以像看小说一样来看《论语》。

视角一转换，仿佛取得通关密码般，突然间，都看懂了。那些原先缄默似石看来全部一个样的古人，突然间，你说我说，连语气、连举止、连性格、连身世背景、连他们的命运，一一清晰到像《红楼梦》里写出的百样人，每一个都难忘。

小时候看《红楼梦》，看剧情的只关心宝黛恋情。稍长后看热闹，挑爱看的章篇看，王熙凤办秦可卿丧事的那种场面调度，真好看。晴雯撕扇，病补孔雀裘。讲话大舌头的史湘云，喝醉了睡在芍药捆上。有人认同薛宝钗的世故明理，探春爽利有英气，鸳鸯好蕴藉大方。便是代表儒家坚固系统的贾政，在我们年过半百阅世堪多后，始能明白脂胭斋所批贾政之为人物，“有深意存焉”。李渝一篇文章《贾政不做梦》这么说：“是贾政，陕养宝钗母子；是贾政，携贾母和黛玉的灵柩归葬南乡；是他，送别了宝玉。只有贾政可以抚慰生者，安息逝者，让离者心安地离去。如果宝玉承尽了爱和哀，贾政担尽了事和责。”

没有贾府，不会有大观园之梦。没有贾政作为盘石的大观园，不会有宝黛晴雯这些逆叛之花开出墙外。贾政的存在，是要有点年纪之后才会注意得到吧。

薛仁明写孔子，众弟子里他跟孔子一样特别钟爱颜回，不说孔孟，只说孔颜，颜回也是他最企慕能够达到的人格状态。然而颜回，我很介意孔子曾说："回也，非助我者也。于吾言，无所不说。"年轻时候我们受教于胡兰成，跟妹妹朱天心不同，我对胡老师的一切言行诲喻，无所不悦。这在我，永远是受益的一方。但对胡老师一方，我于他其实是无所帮助的。审视这点，我仍耿耿于怀。

把孔子写成小说，有日本小说家井上靖。我知道唐诺以前想写，从子贡的观点切入（听闻已经有人这么做，也出版了）。子贡是商人，与孔门最异质，又够聪明，不出手则已，《孔子家语》里记载他一出手而乱齐、存鲁、强晋、弱吴、霸越，俨然战国时代纵横家的先驱。孔子周游列国十四年，子贡随行半程。孔子死后，他庐墓三年，又三年。《史记》写最后一位见孔子的人是子贡，孔子负杖逍遥于门，看到子贡说："赐，汝来何其晚也？"接着的一段对话，极为动人。子贡若作为一名叙事者，也许更能看到差异，而揭开的面相因此会更多样，复杂，和丰富。

三十余年前我第一次去日本，游浅草观音寺，胡老师指看寺坛上两柱字，谈起能乐的舞姿犹如此：

佛身圆满无背相，
十方来人皆对面。

这两句讲修行，修得人事物，照面即见，没有隔障。当然这两句也可以拿来说孔子的因材施教，一对一的，每人得了各自的那一份。《孔子随喜》，在当代，在两千五百年后，亦自是一份。

二〇一一年三月五日

论语别观

牛陇菲

著名作家朱天文誉为“武士”的青年才俊薛仁明，其二○○九年四月处女作《天地之始》，挑战成说，为胡兰成护法，两岸三地有识之士无不叹服其魄力胆识。接着，二○一○年七月“尔雅三十五周年主编推荐书”《万象历然》刊行，其师、道艺一体的禅者林谷芳先生赞其“有一番自家风光”。现在，又有《孔子随喜》问世，另辟蹊径解读《论语》，别开生面认识孔子。

解读《论语》，认识孔子，谈何容易？

孔子其人，圣之者众，欲去圣者也多。晚清以来，西学东渐，华学式微，五四运动“打倒孔家店”之厉声疾呼，一时似有摧枯拉朽之势。不过，孔子到底是子。任你嚣嚣，任你呶呶，我自巍巍，我自悠悠。这不，世纪轮回，孔学又趋时髦。最近，北京天安门广场东侧，中国国家博物馆北门之外，也树起一座高达九米五的孔子立像。九米五，那是九五之尊的吉数。真是三十年河东，三十年河西，天道好还。

说是时髦，真正通达孔学，真正理解孔子者，还是寡之又寡。通达孔学，理解孔子，别无他途，仍然是要老老实实诵读孔学原典《论语》。

回到孔学原典，《论语》之题，先把我挡在门外。我是一九四五年生人，一九四九年以后进人新式小学，没有私塾小学诵读《论语》的童子功。“文革”“批林批孔”之后，才对《论语》发生兴趣。如此这般，四声读“论”，读了很久，以为《论语》就是孔子发论之语。很晚，很晚，才以二声读“论”。

以二声读之，《论语》之“论”，与“命”、“纶”、“轮”通假，有其特殊含义。班固《汉书·艺文志》说：“《论语》者，孔子应答弟子、时人及弟子相与言而接闻于夫子之语也。当时弟子各有所记，夫子既卒，门人相与辑而论纂，故谓之《论语》。”唐人陆德明《经典释文·论语音义》说：“论如字，纶也，轮也，理也，次也，撰也。答述曰语，撰次孔子答弟子及时人之语也。”宋人邢昺疏曰：“此书可以经纶事物，故曰纶也。圆转无穷，故曰轮也。蕴含万理，故曰理也。篇章有序，故曰次也。群贤集泱，故曰撰也。”

我感兴趣的是“论”与“轮”的通假。

《论语》是孔子想要“建设一个人世文明的学问”，“《论语》里孔子讲学问，讲修身”（胡兰成语）。《论语》，是孔答其弟子以及时人，经纶事物，圆转无穷之语。论语者，不仅是经纶事物之论，随缘善应临机权变而不过时过气。论语者，也是圆转无穷之论，太极无极阴阳回旋而不偏执一端。论语者，更是孔子用心良苦诲人不倦之反复申说，即俗话说的“车轱辘话”。如此，论语似乎也可以引申解释为孔子“知其不可而为之”，用心良苦诲人不倦反复申说的轮语。

《论语》，不像《老子》那样，已然实现了言语向文字的转化，耳朵向眼睛的转化。《老子》是他自己的哲思默想，他不知道谁会看到，也不在乎谁能懂得。《论语》不同，它是孔与其弟子以及时人的对话。

孔子有教无类，可谓仁义，知时知众，可谓善说。《论语·乡党》说：“孔子于乡党，恂恂如也，似不能言者；其在宗庙朝廷，便便如也，唯谨尔；朝与下大夫言，侃侃如也；与上大夫言，訚訚如也；君在，踧踖如也，与与如也。”《论语》所载孔子答其弟子以及时人之语，无不当下应机，因人而宜，与事而兴，法言巽言，不拘一格，直接诉诸或用心倾听虚心理会，或愚鲁迟钝冥顽难化的耳朵和心灵。

孔说得好：“鸟兽不可与同群。吾非斯人之徒与而谁与？天下有道，丘不与易也。”天下若真有道，自然不用孔子饶舌。天下无道，发愿普度芸芸众生，立志教诲斯人之徒，是孔子自知的天命，《论语》因之而生。

《论语》不能仅仅以目视之，而要朗朗诵读。诵读《论语》，孔子与其弟子以及时人的声音、腔调、口吻、语气，习习入耳，孔与其弟子以及时人的心思、意绪、情意、志向，历历印心。

薛仁明《孔子随喜》，细心体会孔子与其弟子以及时人的口耳交流，细心体会孔子与其弟子以及时人的灵犀一点，感而遂通，胜义纷呈，令人神旺！

行文至此，禁不住想撷取仁明精彩，以飨读者。又一转念，赶紧打住。明人吴讷《文章辨体序说》有言：“序，绪也。”端绪引出，边鼓敲过，该仁明登台亮相，满堂喝彩。何况，实在不忍心把那些带着仁明心灵之露的美文佳句，摘引到我干燥枯涩的小序之中，而想让它们留在仁明新书的青葱枝干上，保持其生命的润泽。

读者与仁明新书素面相见，以无挂碍之心品读其文，自会更加亲近孔子，自会更加喜欢《论语》。

是为之《序》。

二〇一一年一月一日始撰

二〇一一年一月三日成文

二〇一一年二月二十日修订

自序

数十年来，大陆标举“工农兵”，正而名之，应该说是中国“民间”。而在台湾，更常谈论的，则是儒释道三家。儒释道与“民间”，本是传统的一体两面；合则两美，离则两伤。儒释道与“民间”，若能同时并举，互渗互透，同其俯仰，则中国传统，定可重建；中国文明，必能复苏。

“民间”的东西，向来行焉而不察；虽说不甚自觉，却有着强悍的延续力道。我是福建漳州长泰县山重村薛氏来台的第十二代，世居岛上南边一隅的渔村。三百多年来，岛内政权，几番更迭；但是，乡间古风，至今绵延。尤其我年幼时，资本主义尚未深化，民间未受戕害；宗族邻里与四时祭仪，都依然完好；虽难免驳杂，但大体说来，其健康、其清朗、其深稳信实，都让人觉得，三千年前《诗经》里的清平世界、荡荡乾坤，至今仍一切历然，就在现前。

幼时这个根基，直到数十年后，我才真正明白，也才真正自觉。有此自觉，我再重读论语，遂发现，那一则又一则，与自己的生命，其实可以相映又相照。有此自觉，我才发现，孔子的言语謦欬，孔门的生命风光，原来那么近于我的邻里乡人；我才发现，孔子其实远于后代迂儒；我也才发现，孔子更远于现在大谈哲学的学院新儒家。孔子扎扎实实植根于生活，无浮辞，不空谈，因此健康，因此清朗。上回我演讲，谈孔子，会后有位政治学博士生前来致意，言道，在研究所里头，有几个永远说不清的问题，薛老师怎么有办法用简单几句话，就说得大家都清楚明白了呢？我笑着说，因为我比较没有学问呀！

真要认真说，其实，那是得力于我幼时的根基，得力于深稳信实的民间。民间务实，论事不可能曲折反复，更不可能虚耗光阴于抽象思辨。遇事如果长篇大论，如果谈到对方听不懂，那么，谁理你呀？！真有能耐，就得言简意赅，就得直指核心。于是我读《论语》，佩服呀！老先生言语精炼，没废话；精准之处，简直一击必杀。更厉害的是，他许多话，近于诗，有余韵，耐嚼。嚼着嚼着，仿佛明白了些什么，人也清爽了起来；读罢，走到外头，一望，哎呀！好天气呢！

这就是孔子。

因为历史的幸运，社会与传统的断裂，向来并不明显。传统，对我而言，既是过往，更是当下；孔子，既是历史人物，更有着极鲜明的当代意义。他可以对应我们自家生命，也可以对应这个时代。我这本书，既非孔子思想之研究，亦非客观文献之耙梳。我有我做学问的方式。读此书，大可同我一般，心知其意，不求甚解；但觉孔子宛如现前，但觉孔子与这时代同其呼吸；然后，与孔子一块不忘其忧、不改其乐；再与孔子一路走来，知晓那沿途有吟吟笑语，有景致依旧。一如《诗经》里的风日洒然，一如孔门师徒的风乎舞雩，一如民间的深稳信实。这景致，正是我最大的想望。于是，我写孔子，也不过是深受其益，知其佳胜，故说来给有缘之人听听。

之壹·孔子十二章

[孔子一身反骨，只不过是藏在他的温良恭俭让中罢了。]

素面相见

——关于孔子

孔子的温良恭俭让是显，他的反骨是隐；这当然不是孔子虚伪，而是他气象万千；孔子的蕴藉是显、激烈是隐；他的和悦之气是显，杀伐之气则甚隐；正因有显有隐而又能相生相成，故而孔子的世界水深浪阔，蓄得了鱼龙。

眼下的儒家，不需太过提倡；但是，孔子，应该好好看待。

这两句话，看似矛盾，其实不然。

前面一句，是我老师林谷芳先生说的；而后一句，则是我自己加的。这看似和老师唱反调，其实，也不然。

先说儒家这一句。老师此话确切意思，我说不准；但因为老师是个禅者，百无禁忌，看到学生驽钝如我的越俎代庖、胡乱引申，他必定不以为忤，至多也就是一笑哂之罢了。于是，我且放胆来说说。

儒家之所以不太需要再提倡，原因之一，是因为它早已就是台湾的根柢，以前如此，现在，依然如此。且不说那儒家驾凌一切的清朝，即便是日据时代，儒家基底，彼此大可水乳交融、稍无扞格；甚且，受日本儒教的影响，或许还更有益，因为那是唐代的，还未受宋明理学拘限的。而后，官方倡导儒家不遗余力。

若真要说断裂，只是知识分子与民间的断裂；然而，这断裂也未必真似外表之甚。因为，知识分子纵使再如何西化，许多人的骨子，仍旧是传统的；例如胡适，尽管口诵杜威哲学、念持实验主义，但究其实，他是甚等样人？他是不折不扣、道道地地的笃实君子、恂恂儒者，不信，你且去读读唐德刚的《胡适杂忆》。此外，譬如媒体所见者，不论再如何光怪陆离，但潮来潮往，来得快、去得也快，终究都只是浮花浪蕊罢了！真要说，撇开这梦幻泡影般的显性潮流，那水深浪阔的隐性世界，恐怕才更重要吧！上回，陈丹青四度访台，他亲历亲见，迥异于媒体中的喧嚣浮躁，看到了最寻常的人情厚度，有感于斯，遂成一文。

是的，那隐性而最日常的，从来就是温良恭俭让，儒家之根柢一直都在的；既然一直都在，自然毋须特意来提倡，此其一。其二，当下儒家之影响，已见其病，若再提倡，滋弊更深，于此，可再分辨一二。

从来，中国传统本是儒道互补，若偏废任何一方，均非天下之福；而佛教东传之后，则又讲究儒释道三家均衡发展；然而，台湾在国民政府时代刻意弘扬儒家，对佛教不甚闻问，于道家之生命形态，则多有贬抑，动辄将无为斥为消极，将游戏三昧说成游戏人生，扭曲为荒诞不经。于是，形成强烈的儒家本位，遂生流弊，其弊在于僵滞、在于规格化、在于对应现实之无能。

此弊不妨以台湾的马英九为例。马受儒家影响甚深，举凡其为人之敦厚、任事之积极，其勤俭自奉、其家国之思，在在都有儒家之烙印；这原是好事，但若对照他治国之窘迫无方、步伐踉跄，却最能映现出儒家的局限。

宋代之后，儒者专注在正心诚意，留心于规行矩步，结果，一旦现实险峻、形势难测，他们要不颟顸无知，要不对应无方，总之破不了、打不开，最后于事亦将无成。马正是如此；他是个好人，从小是个模范生，温文有礼、循规蹈矩；也正因如此，若要他逾越规矩，多少总会有道德上的焦虑。现今批马，骎骎然已成时潮，这里头，多有訾议马先生为“法匠”者；“法匠”云云，当然不是实情，因为，马之为人，一不严酷，二不刻深，离真正之“法匠”，辽辽远矣！真要说马之拘泥法条，与其归因于他的法学背景，倒不如仔细端详他自幼熏陶的儒家教育。对马而言，恪遵规矩，原属天经地义；规矩已然如此，更遑论法律？作为儒家信徒的马先生，守法一如守规矩，那都不仅仅只是对社会规范之尊重，更涉及到个人价值系统之生命安顿，若有逾越，是会招致生命根柢不安的。正因为这样的循蹈恪遵，皆源自于他生命之根柢，于是，我们再细细端详他的谨细慎微、从而顾小失大，再看看他的优柔仁弱、怯于杀伐决断，他的洁癖封闭、昧于开阖吞吐，都会清楚发现，这其实都有着他难以跨越的天堑。

这也是后世许多儒者共同难以跨越的天堑。本来，天地之间，有成有毁、有立有破，识得劫毁之道，方可掌握杀活之机，天地也才可清安。可惜，宋以后诸多儒者偏偏不能识此；正因不能识此，于是我们才会看到，当清末遭逢外力侵侮时，那一班诗书饱读博学之士的昏聩无能；我们也才会看到，“文革”之时，那一群温文儒雅读书之人的多被踏杀；我们也才更会看到，今日面对资本主义视人如物的量化社会时，那一票栩栩然君子人也的学者专家乃至教育官员，满怀理想，以“改革”为名，却行标准化、规格化之实；结果，透过各式设计、各样机制、各种评鉴，将大学改造成学术论文生产工厂，把学者贬抑成学术作业员，将各级老师操练成量表填写员、数据制造机，最后，再把所有“教育者”、“学问者”的抱负与热情，消磨殆尽于那既标准又规格、浩瀚如海堆积似山的档案数据中。

是的，他们原都有淑世的理想，都是谦谦君子，也都温良恭俭让；但是，正因为他们的循规蹈矩，故而昏聩，故而被踏杀，故而被物化。他们缺乏叛骨，他们没有反抗的能量，他们甚至连该避都未必能避。

但是，孔子不然。

孔子和后世儒者很是不同。他抗议能量饱满，他“信而好古”，这“好古”当然“不怀好意”，是拿来针砭、甚至是对抗当代的。他又颇似革命志士，那回在齐国听闻韶乐，唤起他心中“凤凰鸣于岐山”那礼乐治世的憧憬想望，久久不能自已，于是，“三月不知肉味”，壮怀激烈以至于斯。他见微知著，因而“临河不济”；他知机识机，苗头才一不对，该闪就闪、该避就避，“危邦不入，乱邦不居”。这当然不是滑头，只是心头明白。他对鲁国情感很深，但又不耽溺其中；真没机缘，他虽稍有迟疑，但也不甚罣碍地就奔走他乡、周游列国去了；在异地闻得齐国出兵，鲁有被灭之虞，他只问众弟子孰人去救，似乎也不打算亲自出马，更无不惜殉国之念；他一点都不像后来楚国的屈原。屈原没有孔子的清朗，也没有孔子的明白，故而被所谓“爱国心”给镇魇住了；屈原善良，然多忧思，他打不开局面，路越走越窄，最后，他把自己给困死了。事实上，后世儒者尽管声称圣人门下、自诩孔子之徒，但他们不似孔子，他们多似屈原，好像受了许多委屈。屈原就是缺乏反骨。

孔子一身反骨，只不过是藏在他的温良恭俭让中罢了；孔子也说反话，还常消遣学生，结果老被学生质疑，还常被“吐槽”，子路当然是个中佼佼者；老子有云，反者道之动，孔氏门庭正因有此风光，所以兴旺。孔子的温良恭俭让是显，他的反骨是隐；这当然不是孔子虚伪，而是他气象万千；孔子的蕴藉是显、激烈是隐；他的和悦之气是显，杀伐之气则甚隐；正因有显有隐而又能相生相成，故而孔子的世界水深浪阔，蓄得了鱼龙。

孔子门下鱼龙众多，号称三千，但重点不在于这量多，甚至也不在于质高，孔门之所以深阔，是在于他那几位高弟的个个精神、色色鲜明。且看他前期三大门人——大家都极熟悉的颜回、子路、子贡，一个静默澄澈宛若高僧，一个慷慨豪迈直似侠客，一个聪敏通达游走政商，三人均非一般，个个不可小觑，但又大相径庭，彼此泾渭分明；然而，这三种截然有异的鲜亮人格，却又能在仲尼门下齐聚一堂，笑语吟吟，且又长期追随（更别说子贡三年不足再行加码一倍的庐墓之事了），实在让后人很好奇这老师是何等的格局与器识。

孔子之后的所谓儒家，就再也没出现这种繁盛景况了。你看孟子，他滔滔不绝，长篇大论；学生似乎只负责提问，接着听他教训，除此之外，好像别无余事；众弟子个个相貌模糊，后世再有想象力之人，似乎都想不起万章、公孙丑究竟是何等面目。而后，到了宋儒，老师越会说理，学生越是毕恭毕敬；先生威严赫赫，弟子屏气凝神，于是，才有“程门立雪”的“佳话”；这当然可敬，但是，完全没有风光，离昔日孔门的气象万千，实在迢迢远矣。

孔子门庭那鱼跃龙腾之胜景，后世最可见者，不在儒门，反倒是在禅门师徒之间，与那打天下的王者及幕下豪杰之中。残唐五代，天下大乱、生灵涂炭，偏偏那群禅僧有志气，他们杀气腾腾，呵佛骂祖，师徒之间，棒喝交加，不避忌讳，于是法门多龙象，个个鲜烈无比；而那王者，志在天下，不论是刘邦，抑或瓦岗寨群雄，他们招得来四方豪杰，又可与天下万民相闻问。这与天下万民之相闻问，好比孔子之于长沮、桀溺以及荷莜丈人，彼此虽不同调，但都有个爱惜之心；又好比那庄子，虽对孔子颇多调侃，但他是欢喜孔子，也明白孔子心意的，你看他的天下篇写得多好。

阿城曾经说道："将孔子与历代儒者摆在一起，被误会的总是孔子。"诚然，诚然也。正因如此，当清末以来，那一群饱读诗书、规形矩步的儒者，面临西方威胁，其昏聩无能、应对无方，使得五四群贤激愤地喊出"打倒孔家店"，这声音虽然清亮可喜，但终究仍是有些喊错了。后代儒者，当然可议之处甚多；但若是把孔子一并都给拉倒，那就可惜了！近代士人，不论批儒拥儒，似乎都有些把孔子给搞混了；解铃还须系铃人，有心之士不妨先谢过五四群贤（谢他们的"破"，有破才有立啊！），再跨越两千年来儒者的牵扯不清，试着与孔子素面相见，或许我们可以重新看到，那个没被误会的孔子。

闻风相悦
——再谈孔子

孔子，他骂不骂人？当然骂！有时骂得还真严厉，他峻烈杀气的那一面平常是藏在温良恭俭让里。他最厌恶那种貌似圆融实则和稀泥的温吞滥好人，他斥此为乡愿之徒；他也最看不惯许多毫无锋芒从不得罪人的所谓持平客观之论，他会直接呵叱："德之贼也！"然而，尽管如此，他评人论事，却最有庄子天下篇那样的风度，好而知其恶，恶而知其美……

喜爱古典戏曲的朋友都晓得，折子戏好看，往往比全本大戏更吸引内行人，因为它简洁凝炼、能量饱满，更因为它当下俱足，故可以无始无终，反而更有余韵，引人遐想。所以我们读《论语》，看孔子师徒间精炼之对话，兴味总高于孟子的长篇大论；我们喜欢孔子的言简意赅，可惜后世儒者多学不太会这点，反倒是禅宗和尚不学便会，他们不仅话说得少，有时甚至不说，你才开口，他就一棒打杀，少啰唆！

恕我啰唆。再来说戏。现今有折子戏之专场，一连几折演下来，大家都明白，最精彩的，最有看头的，每每就是最末那一折，这一折，俗称压轴。庄子是本奇书，篇幅大，却不显啰唆，盖其文恣纵，摇曳多姿，横说竖说，随他说；通书数十篇，内篇诸篇尤其精采，然而，全书压轴，是《天下篇》。

庄子《天下篇》这千古文章，里头有个词句，庄子行文间不断重复，我数了数，出现了五次；但我们通读全文，却一点儿都不觉得烦，反倒每回读了，就看了舒服。这词句是，“闻其风而悦之”。若稍加增删，不妨改成四个字，闻风相悦，我以为，很适合拿来说孔子。

“闻风相悦”，关键词，一个是“风”，另一个是“悦”。

先回头说庄子。庄子前头的《逍遥游》、《齐物论》等篇，皆不世出之大文章。然而，前后相较，《天下篇》之所以是全书压卷之作，原因在于，内篇这些宏文，谈的是庄子所谈，而我们所见，是特质鲜明极其迷人的庄子；但是，《天下篇》不然，他论的是各家所论（还包括论庄子自己），我们看到的，是一个高于庄子的庄子，一个旷视古今纵览全局而清清朗朗的庄子；一个人能如此明晰地高过自己，便可成其大。

《天下篇》里的庄子，因为大，所以有人有我，人我皆好；他论及诸家，明其局限、详其不足，但又尽述其长、不揜其美；对于他同时代的诸君子，庄子想法虽然有异，与之也不尽同调，然而，言辞评论之间，却满是爱惜之心；对此篇所论的各家而言，庄子是他们最强的敌人，也是最大的知己。

视强敌如知己，这般爱惜之情，后世更可见诸那许多英雄豪杰：如刘邦之厚葬项羽，为之发哀，泣之而去；又如曹操与刘备之煮酒论英雄，那孟德看玄德，敌意越深，喜之越是不尽；

再如，虬髯客志在天下，襟抱非凡，但一见李世民，默然心死，他比任何人都明白，眼前的李世民才是真命天子。

这种惺惺相惜，晚周诸子中，除了庄子，最可见的，当然是孔子。孔子许多性情通于王者。孔子曾问礼于老子，彼此其实未必同道，老子且对他不无批评，两人关系，似在亦师亦友亦敌之间，但高手过招，岂能不知深浅，于焉，孔子喟然叹曰："吾今日见老子，其犹龙耶？"这话说得精准，且有孔子的风度。又一回，齐景公认真考虑要重用孔子，询诸晏婴，这晏婴不甚好意地分析了一堆原因，硬是打消了齐景公的念头。真要说来，晏婴对孔子多少是有些敌意的，然而，孔子是怎么评论晏子这个准政敌呢？"晏平仲善与人交，久而敬之。"

再说，许久之后，又有一日，楚地狂生接舆，歌而过孔子，那歌声也真是嘹亮，千载之后，都还清晰可闻呢！君不见李白有诗言道，我本楚狂人，凤歌笑孔丘；这凤歌是这么唱的："凤兮凤兮，何德之衰。往者不可谏，来者犹可追。已而已而，今之从政者殆而！"孔子一听，急急下车，欲与之言，然而那接舆是既不说话，又没理会，径自就疾走避开了，只留孔子怔在那边，有份怅然。

这份怅然，有着孔子的妩媚。孔子是个刚毅汉子，他连体力都好得让我心生惭愧（若不相信，你六七十岁再学他搭牛车周游列国看看），道他妩媚，完全没有不敬之意；这就如同，那京剧里头原本极其粗豪的张飞，称职的架子花脸却总要演到带着几分妩媚，这反倒就更能彰显其可爱之处了。

孔子这份怅然，甚至通于男女之相爱悦。那是，尽管彼此相知甚深，但难免也有不到之处，可能有些误会，有些争执，甚至还起了口角，然而，无论外表再怎么有意见，终究说来，心头都是爱惜对方的。接舆这狂歌笑孔丘，让人浮想联翩，我竟想起，林黛玉有事没事老拿话要把贾宝玉给刺那么一刺，然后宝玉这呆头鹅，多半也就这么一愣。虽是一愣，但这里头有情意，更有风光。

孔子之异于后世儒者，正在于这份情意、这份风光。类似接舆这桩事，孔子前后遇到了好几回，譬如长沮、桀溺，譬如荷蓧丈人，又譬如他击磬于卫时那荷蒉而过者。孔子这般与世人相互探问、闻风相悦，遍在于他的一生，但这种事却不太能想象会出现在孟子身上，恐怕与宋明理学家更是无缘。因为，什么人会遇到什么事。

宋明理学家严肃可敬，也比孔子都还擅于思考，但因过度自省，又拘闭于正心诚意，故而，连好端端的礼教都拘闭到可以杀人，也因为拘闭，所以连对汉祖唐宗，他们都没兴趣；他们有思想，但没有孔子所说“兴于诗”的这个“兴”字，所以他们才会如此隔离于人世风光。至于孟子，倒是有风光，他这人有“风”，所以文章泱泱浩浩，沛然莫之能御。然而，他的“悦”，却成问题；他是非严明，但过度严明；他有种傲慢，缘于对别人少有爱悦，对论敌也缺乏珍视，故而批评对手总毫无容赦，就像他议论杨朱、墨翟，曰：“杨氏为我，是无君也；墨氏兼爱，是无父也。无父无君，是禽兽也。”

孟子文章，气象岩岩，同意者读了，当然痛快，不同意者想反驳，其实也不太容易；但是，孟子如此批评法，总是不对劲；旁人看了不舒服，嘴巴说不赢他，但心里不服气。而孟子这种骂人的姿态，在宋儒以后，屡屡易见。像理学家就把前段骂杨朱的话，改个词，常常拿来辟佛老，其不假辞色，其义正辞严，完全不遑多让；直至后来大陆“文革”，乃至稍后的“愤青”，甚至今日两岸许多才高学富的道德君子，虽然他们未必就是儒者，但其骂人之腔调，其批评之决绝、之毫无余地、之少有爱悦，总还是让我想到了孟子。

像南方朔。南方朔是台湾政论第一人，言理明确，论证清晰，而他对时局的一片赤诚，也完全毋庸置疑。但是，读他的文章，会让人不舒服，会让人升起莫名的反感；不是道理对不对，而是感觉好不好。我们甚至可以想象，当马“总统”看了痛斥他比崇祯还不如的文章，马既不是生气，也不会是愤怒；恐怕是，有点自觉委屈，有丝无奈，还有一些些怕那南方朔。然而，读完文章，马不会因而豁然清朗，相反地，恐怕只会更加沉重；再下来，多半也就是更严肃地挤出一脸虚心受教之模样，有点儿勉强，隐隐然还有些不服气。同样地，我们也可以试想，当南方朔写过这一篇篇严厉的批评文章之后，他自己会不会更加豁然清朗？会不会也只是更加沉重？这些年来，诸多敬重南方朔道德文章的读者，看到他皱得越来越厉害的眉头，多少都会有些感慨，总觉得，他应该可以更宽裕一些吧！

至于孔子，他骂不骂人？当然骂！有时骂得还真严厉，他峻烈杀气的那一面平常是藏在温良恭俭让里。他最厌恶那种貌似圆融实则和稀泥的温吞滥好人，他斥此为乡愿之徒；他也最看不惯许多毫无锋芒从不得罪人的所谓持平客观之论，他会直接呵叱，“德之贼也！”然而，尽管如此，他评人论事，却最有庄子《天下篇》那样的风度，好而知其恶，恶而知其美；而他做批评，即便再如何严正，总还不失那爱悦之心、护惜之情，批评归批评，终仍会替对方也想一想，总有余裕可资徘徊。

好比说，孔子曾在卫国待过，对于卫国的一个要臣祝鮀，很不以为然，曾挑明了批评，用了一个很重的字眼，“佞”；然而，另有一回，他又直接批评卫灵公无道，此时，旁人就疑惑了，如果照你所说，那么，卫国为何至今仍未覆亡？孔子回说，那是因为卫国有“仲叔圉治宾客，祝鮀治宗庙，王孙贾治军旅；夫如是，奚其丧”？换言之，祝鮀这个人佞归佞，但他依然是维系卫国于不坠的三大柱石之一，这完全不该抹煞的。

更好比说，大家最熟悉的，孔子论管仲。孔子对管仲颇有意见，曾经直截地批评，说管仲器小且不知礼。但是，当子路紧咬着小忠小节，质疑昔日桓公杀公子纠，而管仲不仅不为公子纠殉死，反倒辅佐起原先的对手；这时，孔子却反过来赞扬管仲说：“桓公九合诸侯，不以兵车，管仲之力也。”还罕见地称许管仲：“如其仁！如其仁！”（大家知道，孔子极少许人以“仁”。）紧接着，那聪明一世的子贡，仍就这“忠诚问题”不放过管仲，当着孔子之面又再度质疑，这一次，孔子不仅高分贝重申，甚且加码了管仲的伟大。“管仲相桓公，霸诸侯，一匡天下，民到于今受其赐。微管仲，吾其被发左衽矣！”说到这儿，他随即想到连子贡这么聪明的学生都还如此不知轻重、不识大体，顿时恼怒，没好气地就骂子贡：“岂若匹夫匹妇之为谅也，自经于沟渎，而莫之知也！”他气子贡小鼻子小眼睛，将来怎么死的还都不知道呢！

这不是孔子头一回骂学生，其实，孔子骂弟子，还真不少见，《论语》里头，俯拾皆是。而众弟子中，被骂频率之高，稳居排行之首的，自然是子路：从最轻微的被“哂之”，到公开被批评瑟弹得不行，再直接被骂“野哉，由也”，“久矣哉，由之行诈也！”最严厉的则是，孔子当面指着子路：“君子固穷；小人斯滥矣。”

骂得很惨？没错！但大家莫忘了，子路也是最常当面“吐槽”孔子的那位大弟子：子见南子，子路不悦；公山弗扰召孔子，子欲往，子路也不悦；而佛肸召，子欲往，子路还是不悦；子路甚至在他老师说出“必也正名乎”这句名言之时，干脆就顶回去：“有是哉？子之迂也！奚其正？”

真是阳气灼灼，好不热闹！这等风光，后世仅见于禅门的箭锋相拄、师徒互参，而所谓儒家，反倒缘分日浅了。孔门如此兴旺，凭借的是什么？不正是那份闻风相悦吗？孔子劝大家多读诗，因为可以“兴”，可以对万物心存爱悦。他对时人之贤愚不肖如实知之，平实待之，又不失爱惜之心，一如京剧里头看小奸小恶的不失可爱。他与门人，尤其相知，故言语只需精简如论语，便足以心领神会，知之不尽了；甚而他和子路，更是不忌冒犯，不避冲撞，因为大家都清楚，孔子心里有多么疼惜他这个学生；而大家更明白，子路心中是如何地敬爱他这位老师，每回被老师称赞了，子路可是都要得意好久呢！

仁者静

——这世界，原该天清地宁的才好

孔子言“仁”，是《易经》所说的，“神无方而易无体”；因为不去抽象地定义，所以，全盘皆活。

有人问我，什么是“仁”？呵呵，这该从何说起呢？

《论语》一书，孔夫子处处言“仁”；“可怪”的是，他却从没做过明确的定义。现代的学者，对此，大感困惑；为此，也大作文章。他们越俎代庖，纷纷帮孔子定义了起来；滔滔不绝，洋洋洒洒呀！可是，孔子若真看了这些定义，大概，也只能摇摇头，笑着说：定义，是定不住的呀！

有些人，才一开口，动辄就要定义；若不如此，似乎便说不成话。这班好定义之徒，多半活得辛苦。因为，他们明明活在一个具体的真实世界，却因训练所致、性格使然，遂留连于另一个抽象的概念世界。这两个世界，本来就大有扞格；因此，他们要不渐渐闭锁在概念世界中，要不就与世人格格不入、话难投机。真实的世界，本来就是《易经》

所说的“变易”，本来就是流动不居、活泼泼的；其弹性、其丰富、其多义，岂一脸呆气就“‘定’义”得了？

孔子当然不是这种耽溺于抽象思辨的书呆子。孔子看这世界，既真实、又丰富；他对这大千世界充满了兴味，不仅多识“鸟兽草木”，不仅“入太庙，每事问”，即使是佯狂避世的非同道之人，即使是南子这等饱受争议之人，他依然相互闻问、多有感通。正因有感有通，故而孔子的语言有生气、又鲜活。平日的他，谈“礼”谈“乐”，谈着谈着，却翻出了一个熠耀非常的新字眼——“仁”。这字眼是如此烨然新亮，是如此鲜活真实，因此，若像学究一般，真去“‘定’义”，硬去“抽象化”，就等于将一个灵动的绝世佳人瞬间化成了标本，那岂不糟蹋？又岂不可惜？

因此，弟子每回问“仁”，孔子哪会有个“标准答案”？气定神闲的他，总悠悠缓缓，权且一说；然后，物各付物，让弟子各自领会、各自好去。孔子言“仁”，是《易经》所说的，“神无方而易无体”；因为不去抽象地定义，所以，全盘皆活。

于是，有人问我，什么是“仁”？哈！我岂可违逆孔子，妄自定义？但若当真要问，那么，也只能学学孔子，就权且一说吧！

仁，是对别人、对这世界，都有着一份活泼泼的真心的好意；有这活泼泼的真心的好意，就能与人相感、与人相通。仁，是易经所说的，“感而遂通”。

活泼泼的真心的好意？

是的。世间之人，总“抽象”地认为，自己对于他人、对于世界，确实是“真心”地抱持着“好意”。但是，若认真追究，这“好意”，未必全真；这“真心”，也多有折扣。譬如，我们虽说待人热心，但在若有似无间，多少却心存利害得失；我们会很在意自己有多大的热诚，却不愿意清楚自己是否有些盘算与计较？再譬如，我们可能以慈悲自居，也自认真诚，但是，一旦这慈悲“落空”，没获得“预期”的响应，我们会不会转慈为嗔、化悲为恨？又尽管我们自认真诚，但如果未得善果，反倒多有挫折、屡遭横逆，那么，我们会不会抱怨？会不会自觉委屈？

会吧！

我们与同事共事，与朋友相交，尤其，与亲人相处（特别是夫妻、婆媳、青春期的子女与父母），只要有了争执，有了冲突，有了种种的不愉快与不舒服，这时，我们都不免要心生怨意，也难免顿觉委屈。我们会将自己昔日种种的“好”（譬如好心好意、温言婉语，总之，待他不薄啦！）一幕幕地重映眼帘，同样地，我们更会将对方当下种种的“恶”（譬如恶言恶语、恶行恶状，总而言之，这家伙忘恩负义！）一幕幕地反复回放；这两种画面，交错重迭，不断地在我们的心头翻搅；这两者的反差，更不断地让我们心生愤懑，让我们心有未平。

是的，只要是遇挫折、遭横逆，能完全不抱怨者，鲜矣；不自觉委屈者，亦鲜矣。因为，我们早先的“好意”，隐隐约约，都带着些条件；我们的“真心”，也原有着折扣。换言之，我们对人的“真心的好意”，其实都有点“抽象”，都不太彻底，都是佛教所说的有漏有余。事实上，我们通常都在意自己的付出，也在意自己的辛劳；我们会被自己的“真心”与“好意”所执。因此，我们与人有隔，难以相通；也因此，我们与“感而遂通”的“仁”，都还有些距离。

有没有人是没距离的？

孔子曾说，“回也，其心三月不违仁”，颜回可以做到整整三个月的时间与“仁”零距离。

哇，这个厉害！

厉害的颜回曾说过：“愿无伐善，无施劳。”用这个“愿”字，只因他谦逊；证诸事实，“无伐善、无施劳”，他是做得到的。颜回明白，再真心的善意，过了，就该过了；再艰辛的劳苦，做了，也就做了；“善”不可执，“劳”不可拘；花开花谢，风吹云也散。于是，颜回的世界，干干净净、清清爽爽，格外有种天清与地宁。颜回那“真心的好意”，既无漏、亦无余，因此，可以是“仁”。王维有诗：“木末芙蓉花，山中发红萼；涧户寂无人，纷纷开且落。”颜回正是这般千古寂然；“三月不违仁”的他，一身静气。

王维的另一首诗，“人闲桂花落，夜静春山空；月出惊山鸟，时鸣春涧中”，全诗的诗眼，是个“静”字。同样地，这个“静”，也是颜回一生的关键词。孔子曾说，“仁者静”；他道此言，脑海中会不会浮现颜回的形象呢？颜回静默非常，是《易经》所说的，“吉人辞寡”。有一回，孔子还笑着说：“吾与回言终日，不违，如愚。”貌似挖苦颜回、寻他开心，但是，随即又喜孜孜地言道：“退而省其私，亦足以发，回也不愚。”哎呀！颜回这个人，啧啧啧啧……

颜回可厉害呢！

大家都用的词儿，“安静”；颜回这人因为安稳，所以沉静。颜回的生命中，有种极强大的安稳，故而，沉静非常。因这不动如山的安稳，与那天清地宁的沉静，故而他一生没啥故事、无甚事迹，却永远在历史上熠熠生辉，不时都歆动着后代诸人。

尤其，我们当代。

当代人或躁或郁，离这沉静安稳，多半迢远。

现今都会时尚者，人人竞言摇滚，个个忙赴夜店。仿佛越是喧哗，就越具正当性。于是，媒体结合政客，更结合商人，年甚一年，炒作哄抬，使得那夜以继日的喧嚣，加上不时传闻的性杂交与毒品泛滥，都在震天的轰然声响与迷离颠倒的光影之中，骎骎然成了时尚男女的“朝圣之地”。

“朝圣”之后呢？在狂躁的呐喊声中，并没有更加快乐，反倒日益郁结。这些年来，约莫从这“年度盛事”年复一年“盛况空前”以来，忧郁症患者忽地数目攀高，又忽地年龄下降。这些不快乐的年轻人，貌似张扬，实则彷徨；他们追求“自我”，却常不知自身竟在何处？他们需要巨大的声响，否则，掩盖不了那无边无际的寂寞与空虚。他们彼此相拥、彼此紧贴，却常常无端惶恐了起来：身旁之人，怎么，个个距离都越来越远了呢？

这样的喧嚣，这样的疏离，也不只是年轻人。二十年来，有多少风华正茂的青壮人士，有多少早该老成持重的年长之人，他们守在电视机前，观看“政论”节目，听“名嘴”摇唇鼓舌，看“名嘴”唾沫飞溅；大家边看边骂，边骂又边看；天天看、天天骂，二十年下来，在电视机里，“名嘴”义正辞严，个个连珠炮般，宛如真理化身故而说话不必换气似地。他们鼓其如簧之舌，忽而疾言厉色，忽而拉高音量；每当“名嘴”插话抢话、个个面红耳赤之际，那激昂亢奋、那轰然喧嚣，全然全然，不逊于“春天呐喊”。

喧嚣的，还有小孩。

多年教改下来，小孩在课堂上喧嚣哗然，早成常态；在公共场合恣意胡闹，也司空见惯；即使是“循规蹈矩的乖巧小孩”，也经常东问西问，满嘴滔滔，一副伶牙俐嘴状。他们看啥问啥，想到啥便说啥；常常像“名嘴”一般，时不时就插嘴，动不动就抢话；他们也和“名嘴”一样，只自顾说话，却不愿听人把话说完。时下的教育理论，总鼓励经常发问，更鼓励勇于表达；因此，小孩总急着问、总忙着说，他们对于未知之事，没耐性放在心里慢慢反复琢磨。也因此，他们不习于察言观色，不明白要眼观四方耳听八面。他们面对这世界时，因为受宠被溺，故而有种轻佻；他们不晓得，世间有种最重要的德行，名曰“虚心”。

人能虚心，这世界才安静得下来；小孩懂得虚心，他们未来的世界，也才可以天清地宁。天清地宁的世界，人方能优游其中，方能彼此感通；长大之后，若再回头，也才能怀念无限。

几十年前的教育，迥异于今日；当时教小孩，大人说话，小孩岂能插嘴？小孩先静静地听人说话，先学会“虚心”二字，然后才能让外头的世界，悠悠缓缓地进入心田。因此，日后的他，心量可大，境界乃阔。传统教育之所以不鼓励小孩动辄发问，正是要他培其静气、养其虚心。有此虚心，不仅不易自我中心、不易刚愎自用，也不易成为孤愤的封闭之人。有此虚心，他才能与人相感，与人相通，与人无有隔阂。

几十年前的小孩，迥异于今日；当时的他们，没有一张利口，没有伶牙与俐齿；他们看来笨拙，他们多半木讷。孔子说，“刚毅木讷，近仁”；“木讷”之人，既不擅言词，又不急于表达自己的意见，但是，比起那满嘴滔滔之人，他们虚心，他们愿意多听些、愿意多看点。换言之，“木讷”者之心，容易打得开，容易与人相感相通；他们对这个世界，容易有份活泼泼的真心的好意。“木讷”之人，不惯于争功，不惯于委过；较诸伶牙俐齿之人，他们更近于“无伐善、无施劳”。这样的人，多半安稳，多半沉静，常常是颜回的那种“不违，如愚”，也常常是数十年前小孩共有的那种笨笨的模样。

小孩，原该笨笨的才好。这世界，也原该天清地宁的才好。

孔子的“大过”

——老子告诫了孔子什么？

《论语》里头，孔子曾自述：“加我数年，五十以学《易》，可以无大过矣。”这前两句怎解，历代争讼不已，向无定论。我读书不求甚解，对此争论，一方面觉得头大，二方面也觉得无味。可虽如此，我对此章末句，却是深感兴趣。简言之，我很好奇，孔子到底有啥“大过”？

鲁定公九年，五十出头的孔子，先是担任中都宰，政绩卓著，才一年，“四方皆则之”，不多久，升鲁司空，再升大司寇。定公十四年，孔子以大司寇行摄相事，与闻国政，数月之后，就将鲁国治理到路不拾遗、商贾不报虚价。就在孔子风生水起之际，“不知怎地”，一下子却从政治的高峰摔落下来，踉跄去职，黯然离鲁，从此，展开他漫漫十余年的周游列国生涯。这显然是孔子毕生极紧要、甚至也最紧要的一个大转折，但是，这也是他一生中最重要的一桩“大过”吗？

在那当下，孔子恐怕没太多的自觉。刚离鲁时，他更像是个失意的政治流亡者。但凡失意者，难免会愤懑、会不平；孔子不至于此，但怅然的他，仍多有嗟叹。那天，离开了曲阜，夜宿“屯”地，鲁国的师已送行，不平地对孔子言道：“先生，您是没有过错的呀！”（“夫子则非罪！”）孔子惨然一笑：“吾歌，可乎？”（我用唱的，行吗？）于是唱道，“彼妇之口，可以出走；彼妇之谒，可以死败。”（妇人的口舌，可以离间君臣，使贤臣出走，使国家败亡。）最后，又不无自嘲、故作轻松地唱了两句：“优哉游哉，维以卒岁！”（我就逍遥散荡、凑和地打发日子吧！）

师已回到曲阜，据实将孔子的话转告给鲁国第一权臣、也是使孔子离鲁的关键人物季桓子，季桓子听罢，喟然叹曰：“夫子罪我，以群婢故也夫？！”季桓子听得出来，孔子说的是群婢，矛头当然是指向他；此番说词，不过是孔子的婉转罢了！真正的问题，又哪里是因为那群美女呢？

外表看来，这事的导因是，孔子在鲁国大展才干之后，引起齐君戒惧，担心一旦鲁国强大，将对齐国造成威胁，于是送美女八十人、宝马三十驷，刻意拉拢，藉以分化。这时，季桓子看了又看、想了再想，最后决定，请鲁定公接受齐国这番“心意”，遂偕同一道“往观终日，怠于政事”。这时，子路沉不住气，首先对孔子言道：“夫子可以行矣！”孔子还抱着一线希望，想再缓一缓，就看看鲁君大祭之后，是否将该送给大夫的祭肉照常送达。结果，孔子失望了。

这时，孔子心中百味杂陈，在离鲁的路上，不免要感慨时运不济、受困于“主昏臣佞”之局！可能得反复琢磨了一阵子，才意识到事情没那么简单。季桓子的“往观终日，怠于政事”，显然只是一个政治动作，装昏庸、当佞人，其真正目的，也就是要“撵”走孔子；季桓子不过是在齐国示好之际，趁势与齐国“里应外合”、唱唱双簧罢了！这一切，其实都冰冻三尺、非一日之寒。季桓子与齐国对他的戒惧，慢慢想来，也似乎都有迹可循。只是当时他身在局中，又那么意气风发，对于形势之变化，对于整个局面的相互影响，凭良心说：失察了！

这失察，可能还只是他“大过”的其中一环。就说齐国的问题吧！最早，做为一个小国，鲁国长期事晋，后来叛了晋，改事齐，遂有齐、鲁两国的夹谷相会。说是相会，其实两国有着从属关系，本来就不对等。因此，夹谷会上齐君并不把鲁君太放眼里，也不觉得有必要弄得过于严肃。于是，先是演奏了热闹喧哗的夷狄之乐。否则，正式的雅乐多难听呀！接着，又让倡优侏儒为戏。反正，就是娱乐娱乐、好玩嘛！结果，齐国这种近乎戏谑的安排，当下恼火了陪同鲁君与会的孔子。孔子觉得齐君无礼之至，简直就是羞辱鲁国；在诸侯会同的场合里，怎可如此轻佻，是可忍、孰不可忍？！于是便极严正、极鲜烈地提出抗议，甚至要求将倡优侏儒以“荧惑诸侯”之罪名，付诸正法。

不管于情于理，这整桩事，本来齐君就站不住脚，再加上孔子的气势如此慑人，因此，齐国不仅陪了罪，甚至还归还了早先侵鲁之地。这当然是鲁国外交的一大胜利，也是孔子事功的一大成就。然而，《易》讲阴阳、讲变化，说的是祸福相倚。以鲁国对齐国的从属关系，本身又缺乏客观上的实力，一下子获致外交形式的对等与实质的胜利，长久看来，究竟是福是祸？孔子这样的成就，固然也让他名震齐国，但如此盛名，究竟又是祥或不祥？夹谷之会孔子做得如此之好、如此之对，但问题的核心，恰恰就在于做得太好、做得太对。太好，因此不留余地；太对，因此锋芒毕露。正因不留余地、锋芒毕露，才会使得日后孔子在鲁国大展才干、风风火火不过三个月，齐国就迫不及待地出手了。

齐国出手之后，问题就回到了季桓子。认真说来，季桓子对于孔子的感受，算得上极其复杂：一则以敬，一则以惧；一则以爱，一则又以恨。他尊敬孔子的人品与学问，爱惜孔子的满怀理想与干练才华，但是，让他又怕又恨的，则是孔子一旦伸展了抱负，势必就要威胁他的执政地位。毕竟，季桓子是僭越掌权之人。孔子高举重建秩序大纛，一心要恢复被鲁三桓（孟孙、叔孙、季孙）架空的鲁公室地位。做为三桓之首，季桓子面对孔子这样的角色，当然会无比矛盾。用孔子，对鲁国会大有帮助；重用孔子，最后却会伤了自己。那么，到底用或不用？

季桓子盱衡全局，决定在“安全范围”之内，可以迂回一用。于是，季桓子与孔子，变成了某种博弈关系。季桓子虽然掌握大权，拥有现实的优势，但孔子声望甚佳，又据有道德的制高点。换言之，如果孔子沉得住气，一如《易》所说的消长之道，迂回转进、徐图以待，未必没有机会成事，更未必会“被迫”离鲁。可惜，孔子终究失败了。

鲁定公十三年，时任大司寇的孔子，自中都宰算起，为官不过四载，羽翼其实未丰，但为了实现“理想”，却冒然出手，建议鲁公“堕三都”。这下子，难免就触犯了季桓子的忌讳。当然，孔子以礼制为名，名正言顺；至于季桓子，一方面也想借力使力，趁势打压孟孙、叔孙的势力。于是，他在明面上支持这个政策，先顺利拆毁了叔孙的都邑，可在暗地里，又指使他都邑费地的属下公孙不狃等人起兵鼓噪，以图自保。

一年之后，孔子以大司寇行摄相事，五十六岁的他，终于等到了机会大展才干，一时间，面“有喜色”（连门人都看了诧异！）。深怀使命又意气风发的他，决定大刀阔斧、放手一搏，首先，“诛鲁大夫乱政者少正卯”[①]。除掉少正卯这件事，平心而论，孔子做的没错，但是，确实又是用力过猛，且再一次挑动了季桓子的敏感神经。这样想“一刀切”的做法，其实都是使命深重的道德君子最常犯的“大过”。

结果，孔子与闻国政才三个月，鲁国大治，一下子，声名就传到齐国了。但这时候，感到不安的，难道只有齐国吗？孔子的意气风发，孔子的风风火火，一转眼，都变成了他周游列国的仆仆风尘。孔子失败了。可是，《易》讲阴阳、讲变化，说的是祸福相倚。失败后的孔子，从此栖栖遑遑，几度落魄如丧家之犬，但是，他似乎因而想清楚了当年老子告诫他的那段话：“吾闻之，‘良贾深藏若虚，君子盛德、容貌若愚。’去子之骄气与多欲、态色（威仪容色）与淫志（过大的志向），是皆无益于子之身。”那时，孔子走在黄土大地上，一阵阵风、一阵阵沙尘，吹得他眼睛几乎要睁不开，可他心里，却是越来越明白了。’

---

① 此事在宋儒之后，多被质疑。个中之争论，早已陷入考证的泥淖，变得汗牛充栋了。目前处于信者恒信、不信者恒不信的状态。我个人相信太史公的历史判断，因为，我没见过有人比太史公史识更高。可参考拙文《当太史公与孔子觌面相逢》（收入《其人如天——史记中的“汉”人》一书）。

湛然似水

——孔颜师徒

颜回的一生，孔子是他最尊敬的老师，也是最爱悦他的知己。颜回死了，孔子恸哭；颜回死后，孔子人前人后不断要说他，仿佛担心大家会忘掉他这个最得意的门生似的；而后，孔子每登高望水，他总想起这不动如山、湛然似水，他有个学生，名唤颜渊。

历史上，不容易找到太多例子，似颜回这般，尽管事迹寥寥，名气却如此响亮；也很难再看到有其他人像颜回那样，绵延两千多年，声誉煊赫，却几乎就是让他老师一口给称赞出来的。

孔子赞叹颜回，遍及整本《论语》，简直不厌其详，反复再三，甚至他对子贡说了一句“吾与汝弗如也”，还让后代为了到底是谁比不上颜回，争论不断。说来好笑，这些争论，与颜回可是半点不相干的。颜回自是颜回。

颜回安然自在，湛然似水。

颜回有静气。孔子说，“仁者静”，这很适合拿来说他；又王维有

《鸟鸣涧》，诗云："人闲桂花落，夜静春山空；月出惊山鸟，时鸣春涧中。"也可借来一窥颜回心头的风景。颜回的静，不是不动，而是不躁；颜回的静，亦非沉空守寂，而是"寂而照，照而寂"；他如如不动，故能映现万物，所以子贡"闻一知二"，他则"闻一知十"；颜回的静，特显澄澈，心里极透明，他自期的是，"无伐善，无施劳"，再了不起的事，过了也就过了，如镜花，如水月，如风流云散。颜回这自期，显然不只嘴巴说说，他是做得到的，因此孔子在他死后多日，仍一心耿耿，怅然这"好学"的颜回"不幸短命死矣"；孔子之所以称许颜回"好学"，是因他"不迁怒，不贰过"，怒气也好，过错也罢，过了也真的就是过去了，时时皆可归零；我们常人都会有迁怒、有贰过，因为我们会拖泥带水，会被情绪习气诸多的惯性给牵累。颜回没这惯性，故他一身静气，湛然似水。

孔子稍早之时，尽管谦恭有礼，但有些地方，仍不经意会流露出他过度的才华洋溢；那回，孔子问礼于老子，老子一眼看出此人绝非寻常，固然爱惜不尽，但仍是带着善意却不无批评地提醒孔子，要他留意自身的"聪明深察"、"博辩广大"可能之弊；盖棱角之外露，其实未必全是不好，然于天命之会得，多少是犹有憾焉。这真是智者谆谆之言，然听者却半点不敢藐藐，孔子该是一直谨记在心的，于焉，多年之后，他看到颜回这小他三十岁的年轻人，如此静默，如此含藏，潜行密用、如愚如鲁，他才会既高兴又带几分戏谑地言道，"吾与回言终日，不违，如愚。退而省其私，亦足以发，回也不愚。"孔子清楚，这不愚如愚，不简单哪！

孔子更高兴的，还另有一回。那次，孔子挺惨，在陈、蔡之间绝粮，被团团围住于荒野之地，“从者病，莫能兴”，孔子力持镇定，“讲诵弦歌不衰”，子路则极不满，气道：“君子亦有穷乎？”你不是个君子吗？君子也会走投无路吗？孔子见众弟子信心动摇，士气低落，遂分别约见他那三大弟子，半开导半自嘲地言道，我们既非老虎，亦非野牛，怎么会沦落到在这旷野之地呢？“吾道非耶？吾何为于此？”问问自己，也问问弟子。有别于子路、子贡，那颜渊是不愠亦不火，从容言道：“夫子之道至大，故天下莫能容。虽然夫子推而行之，不容，何病？不容，然后见君子。”人家容不下你，那又如何？不正因如此，才更彰显出您是个君子吗？这当然不是阿Q，但像是回头在劝慰他老师：“夫道之不修，是吾丑也；夫道既已大，修而不用，是有国者之丑。”这已不只是劝慰，而是事理说个明白，桥归桥、路归路，没什么好动摇彷徨的！于是最后，他又强调了一次：“不容，何病？不容，然后见君子。”孔子听了很开心，在此生死交关，看着眼前静定安然的年轻人，他有一份欣喜，也有一丝丝讶然，所以竟也忍不住调笑着说：“使尔多财，吾为尔宰。”颜回啊！改日你发了大财，我来当你的总管吧！要不，你开家公司当董事长，我就来做做你的总经理吧！

这故事非常动人，甚至震慑人心；别忘了，此刻是命悬一线呢！值此之际，孔颜师徒二人，徒儿既是安然自在，老师则是笑语吟吟；眼前虽是危难，但都还有余裕，可资游嬉；真是不忘其忧，不改其乐！这正是孔门之所以兴旺，之所以鱼龙满蓄。然而，这游戏三昧，在后来儒者身上，却几已杳不可得，连带着，他们反倒质疑起这故事之真伪了！他们自己无趣，还就罢了，却非得要把孔子也涂抹得跟他们一样无趣才行！人一无趣，哪来的元气？儒者从此，也真是“士”气不扬了。

后来，“士”气之扬扬，元气之满满，唯见于那王者：被萧何取笑“固多大言，少成事”的刘邦，项羽和他相持不下，连连叫阵，甚至要和他挑身独战，决一雌雄，刘邦只笑道：“吾宁斗智，不能斗力。”要单挑？嘿嘿！我哪是您的对手？前回，项羽也被逼急了，不惜烹刘太公以要挟，刘邦不疾不徐，唯是笑道，分我一杯羹吧！四百年后，又有曹孟德者，赤壁之战，他横槊赋诗、临阵安闲，其安然自在，有似颜回；而百万大军灰飞烟灭后，北逃中原，直至华容道那一路上三次呵呵大笑，则最有曹操的跌宕自喜，这通于孔子。

“使尔多财，吾为尔宰。”这段孔颜对话，也着实妩媚，最可见孔门师徒间的闻风相悦；当然，这相悦里头，另有着几分调皮，显然地，孔子是在“涮”（闽南话则说“亏”）颜回他这爱徒，因为大家都知道，颜回其实穷得很。孔门里头，另有个原宪，他也穷，但原宪穷得有些太正气凛然；那回，一身荣华的子贡高调地去见他，才有那么些嫌他贫穷之意，原宪便全副武装，字字铿锵，硬是把这聪明绝顶的子贡给教训得惭愧终身。颜回不然。他穷，穷得安详自在，不酸，不愠，不火，也毋需防卫；他穷，穷得人我两忘；他穷，又穷得天地之间只此一人。王维另有一诗，正好可说颜回此境：“木末芙蓉花，山中发红萼；涧户寂无人，纷纷开且落。”颜回既似芙蓉，又如幽兰；后世有古琴曲“幽兰”，写个“寂”字，是说孔子，但于颜回，实也相宜；他们师徒俩，这点是毫无间然的，故可以有调笑。

颜回的穷，有着他一生的修行（这修行，通于孔子常挂在嘴边的“好学”），孔子不也说了：“一箪食，一瓢饮，在陋巷，人不堪其忧，回也不改其乐。”颜回那一啄一饮，纵再简陋，实人于其中之三昧，他是修到了其心与眼前的食菽饮水相亲相冥，当下无别；如是无别，则万物历然，风景无限。而这风景无限，又可直接让人联想到晚年的弘一。青年弘一，极尽璀璨，而后，幡然转身，繁华落尽，皈依那极严极正之律宗；夏丏尊写弘一出家后，那吃食之极俭而又极庄严，真是于一米粒中成就了一切米粒世界；弘一的生活，尽管旁人观之，是如此地刻苦不堪，但其中之安然，个中之真滋味，则只是他那遗偈所言："华枝春满，天心月圆。"

颜回家中贫穷，缺乏食养，复以年少忧患极深，于是年二十九，发尽白。这现实之困厄、生命之忧患，到头来，都化成了他在孔门中最风姿卓异的安详与自在；到头来，也都化成了他风景无限之悦乐且有调笑。他满头白发，一身清澈；他再多的忧患，却终不见半点伤痕，他没有业。颜回的一生，孔子是他最尊敬的老师，也是最爱悦他的知己。颜回死了，孔子恸哭；颜回死后，孔子人前人后不断要说他，仿佛担心大家会忘掉他这个最得意的门生似的；而后，孔子每登高望水，他总想起这不动如山、湛然似水，他有个学生，名唤颜渊。

弹剑而歌
——孔子与江湖

孔子若无江湖之气，若无吞吐三江五湖之心量，那么，门人三千，大弟子七十二，狂者狷者斐然成章者，该如何尽纳门庭？别人且不说，单单子路这种曾经“陵暴孔子”之门徒，就不知如何收拾得了？

几年之前，有出电视剧，名曰《走向共和》。此戏非等闲电视剧，其编导诸君子，皆有心之人，穆然深思，怡然高望，其志远矣，盖有孔子春秋之志欤？其对清末民初这段历史之观照，令人一新耳目，不同凡响，故而，不免引来风波喧腾，当然，也不乏政治关切。

该剧与当时“本土化”之炽热氛围，实不相宜；只记得尹丽川写专栏时，曾经推介过。而我，是稍早极偶然的一回，不经意瞅见了电视，一看，那不是康有为吗？再定睛一看，乖乖，这康有为，真是像极了，这且不打紧，更厉害的，是他演出了历史的纵深；我细细看了屏幕上这人，飞扬跋扈，一派生气，直觉那就是康有为。又隔阵子，我再看了另一集，就完全清楚了这出戏的分量；这回主角，更有生气，是孙文。

剧中的孙文，有江湖之气，像鱼儿会活蹦乱跳；忧患深沉，然不时跌宕自喜；平日认真，同志给他的封号，“孙大炮”；孙文一脸严肃，但最会调笑；他这辈子，每每走到极狼狈不堪，连自己看了，禁不住也笑了起来，都觉得好好玩；孙文是，不忘其忧，不改其乐。

这像孔子。孙文的活泼大气，通于古来那许多王者，但更似孔子；盖因王者多有不读书，然孙文读书极多，而孔子在世，即以博学闻名当代，后来司马迁写《史记》，还特别着墨于孔子之博物。读书当然不是坏事，但也未必就是好事；是好是坏，还得看你如何面对知识？看你是否不受学问所缚？孙、孔二人，因为活泼大气，不沾不滞，于是，即便读书甚丰，亦丝毫不见其蔽，反倒是，多多益善。

这活泼大气，是真正的关键。因为活泼大气，才可忧患深沉而不失跌宕自喜。明白了这点，我们便能摆脱后世儒者与政治权威合力建构的圣人形象，重新与孔子素面相见。历来主流儒者，其功不可尽揜，然其有一过，流弊深远，那是，他们身上无有此等鲜活，却又要遮蔽孔子的这份生气盎然。譬如说，较诸《论语》，《史记》其实更能掌握孔子的鲜活大气（因为司马迁这人，本来就比子夏、有子这些孔子晚期弟子要大气许多），司马迁“读孔氏书，想见其人”，亲赴鲁地，徘徊仲尼门庭许久而不能去，之后殚精竭虑，写成“孔子世家”，既庄严肃穆，又摇曳生姿。然而，这一卷史记，素来不为儒者所重，甚且理学大盛之后，还屡遭质疑。因为，此卷涉及孔子杀伐决断之事、跌宕自喜之情，实实不符儒者心中之“圣人形象”。对此不符，他们要不回而避之，要不淡而化之，要不起而攻之；于是，后有纯儒，便动辄訾议，“孔子不当有此言”、“孔子不宜有此言，删之可也”，如此云云，不一而足。

也真该感激那五四诸君子，正因他们的有朝气，又因他们的好相貌（且看看胡适、鲁迅的长相），于是，他们喊出了“打倒孔家店”，这声音可真清亮，让多少人喜而不寐，又让多少年轻人为之忻动。五四群贤之贡献，就在于廓清那道学酸腐味以及纯儒排他性，让中国文明重获新鲜，再现活气。他们虽然未竟全功，但至今仍令人思之不尽。有了五四，我们得以重新看见孔子。

孔子有江湖之气，这与他的温良恭俭让，半点无有冲突；两者并观，互为一体，更显其大。江湖，有活气，水是通的，故孔子与各色人等，多有探问，皆可闻风相悦。江湖，有活气，凡事新鲜，皆有兴味。孔子的凡事有兴味，连“鄙事”亦不例外，故他自言，“吾少也贱，故多能鄙事”，这貌似他老人家说话客气，其实也是他掩不住的一份得意。不只年少，孔子及至年长，入了太庙，依然每事问。除了人事，孔子且连万物，亦兴味盎然，因此，他最博物，他还劝门人多读诗：“小子！何莫学乎诗。”因为，“诗，可以兴”，而且，可“多识于鸟、兽、草、木之名”。

孔子的江湖，还让我想起，诗人杨泽曾有妙语，他道，有了江湖道义，哪里还需要什么资本主义？社会主义其实就是要具现江湖道义。信然也。孔子曾说过：“老者安之，朋友信之，少者怀之。”这话与什么主义都无关，澹澹泊泊，卑之无甚高论，讲白了，不过就是，江湖道义有了真着落。说来可惜，五四之后，好不容易稍稍摆脱了道学之陈腐，却又纷纷误人了各种主义之纠结。从此，天不清、地不宁，人世不得静好；这无非是因，主义泛滥，道义荡然，江湖寥落。

说江湖，纯儒必定不以为然的。但是，孔子若无江湖之气，若无吞吐三江五湖之心量，那么，门人三千，大弟子七十二，狂者狷者斐然成章者，该如何尽纳门庭？别人且不说，单单子路这种曾经“陵暴孔子”之门徒，就不知如何收拾得了？也不知，要如何让子路从“冠雄鸡、佩豭豚”，摇身一变全身儒服儒冠，甚且临难都还坚持结缨而死？更不知，要如何让此“性鄙、好勇力、志伉直”者，一入门下，竟成最大护法？“自吾得由，恶言不闻于耳。”只要子路这带刀侍卫贴身在侧，不管多么轻慢之徒，孰人还敢再对孔子口出恶言呢？

认真说来，孔子也真称得上老江湖。年纪一大把，周游列国十余载，孔子岂不知，其身处之时代，与他高悬的三代治世，与他憧憬的礼乐风景，其实并不相容；而那样的时代，和他这样的坚持，两相对照，再怎么看，都不搭调。那么，向晚之年，他这般栖栖遑遑，又所为何来？说白了，他这样知其不可而为之，也就是尽一尽江湖道义罢了！这一路江湖走来，阅人多矣，何等世面没见过？何种场面没遇着？见多遇多了，千帆过尽，一切也就云淡风清，人自然便清清朗朗。正因这样的清朗，孔子不可能像屈原那样途穷道阻终至无路，也不可能像贾谊那般忧谗畏讥郁愤难解，更不可能像后代文人叹老卑穷一身酸气。是的，孔子其道不行，有志难伸，他当然会感慨，会伤麟嗟凤，但是，他不忘其忧，不改其乐；他历尽困厄，却自述“发愤忘食，乐以忘忧，不知老之将至”。听那口气，清朗通透，且还有着几分得意呢！这样的跌宕自喜，于是乎，再如何困顿忧伤，只消隔一会，也就好了，随即他又意兴扬扬、又兴高采烈起来了。

孙文就是这种人。孙文革命了大半辈子，每每走到山穷水尽，并非不会动摇，亦非不曾彷徨；彼时，同志都丧气了，都认定国事不可为了，这“孙大炮”偶尔也会犯傻，一时怔住；但也就那么一晌，他忽又全好了，元气满满，又开始滔滔不绝，仿佛形势一片大好。

江湖风波险。孔子十几年的行走列国，至少四次面临生死关头，命悬一线。头一回匡地受围。第二回桓魋追杀，弟子催他“可以速矣”，孔子则自壮胆气地说道：“天生德于予，桓魋其如予何？”逃到郑国，与门人失散；后来路人述他形状，“累累若丧家之狗”，孔子听闻，笑了起来。第三回遇难于蒲，蒲人要挟孔子不可前往卫国，双方订盟，蒲人才放孔子一行；结果，一出蒲地东门，孔子便头也不回地，直往卫国疾奔而去。最后一次，就是那回绝粮于陈，众弟子信心溃散，士气涣然，唯有颜回不动如山，其静似水，一边劝慰，一边辨析，孔子听了开心，欣然笑曰：“使尔多财，吾为尔宰。”

后面的三次灾厄，史记都明白交代了后续的发展，很清楚；唯独头一次的受困于匡，究竟孔子如何化解，读了半天，仍觉得语焉不详。孔子家语倒有个讲法，最可见孔子江湖之气，亦符合“兴于诗”这样的诗情，该书言道：“子路弹剑而歌，孔子和之，曲三终，匡人解围。”如此死生之际，他们师徒弹剑而歌，一唱一和，论气魄，论诗情，都让千载后人忻然向往，也让我们更能豁然，昔日孔子门庭是如何水深浪阔，又如何气象万千。

孔子罹难

——危难中见真孔子

我们且从这四次的劫难，来看看不单单只是温良恭俭让的那个孔子。

孔子周游列国十余年，至少四次劫难，命悬一线。

禅宗有言："境界现前时，如何？"一个人说再多道理，学问再如何渊博，都可能只是一场虚诳。唯有面临真实生命状况，尤其生死关头这样的灾厄时，他是真是伪，是深是浅，以及他的诸多复杂样貌，才能完全彰显，无所遁形。

我们且从这四次的劫难，来看看不单单只是温良恭俭让的那个孔子。

第一回，因卫灵公对孔子起了疑心，孔子决定走人，在往陈国的路上，来到了匡地。早先，阳货曾经陵暴匡人，因生仇恨，不巧，这回帮孔子驾车的颜刻，正是之前和阳货同行来匡地者，而孔子和阳货偏又长得像，于是，匡人误以为仇人相逢，便将孔子一行给团团围住，前后五天。

门下众弟子既疑且惧，孔子为安顿军心，也多少有些自壮胆气，遂言道："文王既没，文不在兹乎？天之将丧斯文也，后死者不得与于斯文也；天之未丧斯文也，匡人其如予何？"最后，孔子终于解了围，虽说与"斯文"没直接关联，却不无干系，是这样的，"子路弹剑而歌，孔子和之，曲三终，匡人解围"。如此死生之际，他们师徒弹剑而歌，三唱三和，以其气魄与诗情，不仅让匡人了然明白，此人绝非阳货，故而解围；也让千载之后人，不禁忻然向往，那气魄与诗情后头的所谓"斯文"。

第二回，孔子一行来到宋国，或因有所批评，或因遭忌，总之得罪了宋国司马桓魋，这触犯似乎极深，桓魋甚且欲置孔子于死地。彼时，孔门师徒正于树下习礼讲道，而桓魋发兵消息传来，孔子遂急急离去，桓魋于是扑了个空，杀不着人，怒火中生，还命令拆了讲坛砍了大树以泄心头之恨。孔子逃去后，弟子唯恐追兵赶到，催促老师再赶紧些，孔子是否因此加快脚步，不得而知，但他却撂下一句和上回似曾相识的话："天生德于予，桓魋其如予何？"

孔子这一路逃得狼狈，到了郑国，弟子四处散失，他孤伶伶一个人站在外城东门边。子贡遍寻夫子不着，最后总算问到了消息，这人描述："东门边站着的那个人，额头像唐尧，脖子似皋陶，肩膀有如子产，而腰部底下则比禹短了三寸；他的神情，疲累困顿，有如一条无家可归的狗。"后来，他们师徒终于团聚，欢欣之余，子贡将方才郑人那番描述，一五一十据实禀告。孔子听了，不仅不以为忤，反倒开心地说："他道我形貌像那些古圣先贤，其实未必；但说我像只丧家之狗，那可真是啊！可真是呀！"（"形状未也，而谓似丧家之狗，然哉！然哉！"）

第三回，盖孔子由陈往卫，途经蒲邑，恰逢公叔氏占蒲地以叛卫，于是，公叔氏堵住孔门师徒不让行。此时，孔子有个弟子，名唤公良孺，高大力壮，自备五车跟随孔子，便挺身对孔子言道："我追随老师，上回在匡地遭逢险境，这回又在此地遇难，看来，这是我命中安排，原该替老师牺牲的！"说罢，纵身一跃，便拔剑与蒲人决斗，拼搏之猛烈，让蒲人胆战又心惊，态度遂松软了下来；最后，蒲人要挟孔子不可前往卫国，双方订下盟约，蒲人才放了孔子一行。

结果，才一出蒲地东门，孔子头也不回，就直往卫国疾奔而去。子贡不无困惑，便问道："盟约可以如此弃而不守吗？"孔子答得爽利："如此要挟所订的盟约，是连神明也完全不理会的！"而后，到了卫国，卫灵公亲自城外迎接，劈头第一个问题："蒲可伐乎？"孔子的答复，一个字："可！"

孔子最后一次罹难，也是最险峻的一回。这次，他人在陈、蔡之间，应楚国之聘，拟往一展抱负；陈、蔡两国大夫，闻得消息，顿感不妙，深恐孔子为楚重用，楚国强大将对陈、蔡不利，于是发兵将孔氏一门紧紧包围。整整七日，孔子受困于荒野之地。遂绝粮，"从者病，莫能兴"，旁边学生病的病，倒的倒，孔子力持镇定，似乎不为所动，"讲诵弦歌不衰"，子路则极不满，气道："君子亦有穷乎？"你不是个君子吗？君子也会走投无路吗？孔子也半点不客气，结结实实就教训他："君子固穷，小人穷斯滥矣。"走投无路时，才分得出来，到底你是个君子还是小人？

孔子见众弟子彷徨难安，信心动摇，于是决定分别约见他那三大弟子，半开导也半自嘲地言道，我们既非老虎，亦非野牛，怎么会沦落到在这旷野之地呢？"吾道非耶？吾何为于此？"问问自己，也问问弟子。头一个约谈的是子路，他多少还有些老大不高兴，便直接回说："意者吾未仁邪？人之不我信也；意者吾未知邪？人之不我行也。"是不是我们"仁"、"智"都有问题？才会搞到这样走投无路？孔子驳道，有这回事吗？当然不是的，以前伯夷叔齐够"仁"了吧！比干也够"智"了吧！但他们不也一样都逢灾受厄？这是两码子事，毫无关联嘛！

接着是子贡，他觉得今天的困境，乃缘于孔子太高、太有理想，故而处处遭忌；因此他建议孔子，何不考虑放下身段，做些妥协呢？孔子则响应他说："好的农夫善于耕种，但未必保证绝对会有好收成；而好的工匠固然手艺精巧，但作品也不一定就能尽合人意。作为一个求道之士，最该关心的，无非是自己生命、理想之通透与明白；当然，你若通透了，也未必就能够见容于当代。但是，若舍本逐末，不关注自身之修行，反倒老想着要降格以苟合求容，那么，你的志气也未免太小了吧！"

最后，有别于子路、子贡，那颜渊是不愠亦不火，从从容容，缓缓言道："夫子之道至大，故天下莫能容。虽然夫子推而行之，不容，何病？不容，然后见君子。"人家容不下你，那又如何？不正因如此，才更彰显出您是个君子吗？这当然不是阿Q，但有点像是在回头劝慰他老师："夫道之不修，是吾丑也；夫道既已大，修而不用，是有国者之丑。"这已不只是劝慰，而是事理说个明白；问题是在那些有国者，并不在我们呀！桥归桥、路归路，没什么好动摇彷徨的！于是最后，他又强调了一次："不容，何病？不容，然后见君子。"

孔子听了很开心，在此生死交关，看着眼前静定安然的年轻人，他有一份欣喜，也有一丝丝讶然，所以竟也忍不住调笑着说，“使尔多财，吾为尔宰。”颜回啊！改日你发了大财，我来当你的总管吧！要不，你开家公司当董事长，我就来做做你的总经理吧！

风乎舞雩

——孔子与诗

孔子陈蔡绝粮，弦歌不辍；匡地被围，弹剑而歌；称许曾点，风乎舞雩，歌咏而归；孔子这生中，一路有歌声。

过了钱塘江，来到杭州城。初抵杭州，已然三月下旬，是仲春，旧历二月，但仍春日料峭，有风有雨天又寒；而西湖畔，早已色彩斑斓，樱红樱白柳新绿，桃花还迟。白堤边断桥处，游人依然如织；另一处，更熙熙攘攘，那是苏堤。

苏堤入口，合该有个东坡塑像。料峭春风里，东坡这塑像，脸带沧桑，若要回首，向来也多有萧瑟处吧！但这晌，他没回首，而是高高望着、远远眺着，怡然穆然，在风中，衣衫袖袂飘飘扬起，眼前的斜风细雨，眼前的烟波湖山，都只该是，一蓑烟雨任平生。

苏轼之前，又千五百年，同样是个春天，但春深了，已然三月暮春，那春服亦已备妥，他偕同了冠者五六人，另有童子六七人，大伙儿浴乎沂，风乎舞雩，一路歌咏而归。

这人是曾点。风乎舞雩，这是曾点言志。那回，孔子与门人闲坐，顺口问了一问各人的怀抱，子路、冉有都好认真地答以治国之事，而公西华则实诚谦逊，回以有志于礼；唯独这个曾点，老师与同学答问着，他是也听、也不听，径自鼓着瑟，真轮到他回话，说得又不甚切题，作为孔门弟子，既无涉家国天下，亦无关礼乐文章；他似乎胸无大志，心之所向，不过就是，捡个眼亮风凉之处，吹吹哨子，呼啸一番，再来便是，吟吟唱唱，回家途中，一路有歌声。

曾点这人散淡，但他的歌声真是清亮。向来，孔子总含笑听着世人说话，听着听着，他是多所称许，亦从不轻许；而这回，一如往常，他笑看门人各抒已怀，亦是有许、也有不许，独独听罢曾点所言，他感慨既深，喟然叹曰：“吾与点也！”

正如西湖的桃红柳绿轻拂了那摇漾春风，兴许是，曾点这清亮的歌声，抑或是，风乎舞雩那无限的光景，触动了孔子的心弦。这触动，似乎颇深，故而孔子从心魂幽深之处，缓缓升起了这么一个叹息。是啊，“吾与点也”，还就罢了，为何还要“喟然叹曰”呢？于是，听闻这叹息，我们似乎有了迟疑：大家“熟识”的孔子，究竟何许人也？我们对之，真的那么“熟识”吗？

栖栖遑遑，当然，孔子是个淑世者；此外，他是行者，是学问者，是个谛观生命者；然而，莫忘了，孔子还是个诗人。说他是诗人，不因他授诗、论诗，也不因他总劝人读诗，而是因为，他最具备了诗人的两个特质，一是“感而遂通”（凡诗人必善感，但善感，则易耽溺；故而，好的诗人不在于仅仅善感，而在于既能善“感”，又能善“通”，“通”者，通达于人，通透于己），二是，更要紧的，一个“兴”字。（有个“兴”字，更可济诗人容易耽溺之弊。）

何谓诗？言语寥寥、光景无限，言虽有尽、意却无穷。而兴呢？无中生有，将始未始；才起了未必相干的头、却已意思满满；才灰头土脸，也丧气了一会儿，但随即好了，眼前仿佛又是，形势一片大好。有了这个“兴”字，人能绝地逢生；有了这个“兴”字，忘记谁说的，“生死之边沿甚宽，足容游嬉耳”。正因如此，这诗人所以会在匡地受围之时，“弹剑而歌”；会在被喻“丧家犬”之际，听闻了都好开心；会在绝粮多日，还不忘寻寻颜回开心。复因如此，这人时时都有个天地之始；于是，孔子的一生，每每都是，山重水复疑无路，柳暗花明又一村。

中唐之后，禅宗大盛，禅子憧憧往来于南方的江湖之间，行走江湖，遂成通例；唐代之前，不说江湖，说风尘，北方之风多沙尘。孔子是北方汉子，若说他行走江湖，其实是说他仆仆风尘，华北大地上，尘满面、鬓如霜哪！周游列国十余年，行来走去，一路尽是黄土之地，春天若是西北吹来，尤其漫天风尘。风尘中，孔子眯着眼，六十好几了，“六十而耳顺”，什么是“耳顺”？眼、耳、鼻、舌、身，尽管老了，偶尔，声音可能也听糊了，但声音后头的心意，却完全是，历历分明；虽然，外在的耳聪目明不再，但个中的感知，却是通顺畅达了。年纪越长，他越是含笑听着世人说话，“感而遂通”，不管真话假话正言反言法语巽语，但凡听了一听，毫无阻隔，也就心知其意了。于是，虽然他一肚皮的不合时宜，生命之境也逐渐迈向孤峰顶上，但是，又忘了谁说的，“上与星辰近，下与世间亲”，孤寒之际，孔子之于世人，却是日益听得清、看得明，不论贵贱妍媸、贤愚不肖，对之俱有好意；他对世间诸人，有敬，有亲。

因此，楚人接舆狂歌笑孔丘，这仲尼还是想和他聊上一聊；又尽管互乡之人难与言，门人也颇感迟疑，孔子仍与互乡童子谈了一谈；又公山弗扰、佛肸，俱是争议之人，但他们召孔子，孔子也兴致盎然，随即拔身欲往；同样地，更广为人知的，尽管那南子声名狼藉，子路气得跳脚，孔子事先也辞谢了，但真不得已，真要与这卫国“寡小君”见上一见，其实也无妨，“孔子入门，北面稽首；夫人自帷中再拜，环佩玉声璆然”。

“子见南子”，这种事不会发生在道学家身上；“环佩玉声璆然”，道学家也只会觉得是种邪淫。道学家是非严明，长于说理，擅于思考，但是，他们缺乏诗情。“风乎舞雩”，因有孔子的背书，他们不好否认，但连这份诗情，程朱诸儒依然可以扯到他们真正关心的天理人欲；事实上，幸亏有孔子的称许在先，否则，王阳明早说了，曾点这种漫不经心模样，若遇着程颐这种老师，准是难逃一番呵斥的。程朱之后，道学家成为儒家正宗，朱熹的牌位，早已配祀大成殿；政治力的推波助澜下，他们也取得了孔子的诠释权，他们不仅力辟佛老，还可判划何为纯儒，孰为真儒？于是，几百年来，我们透过道学家的眼睛，去勾勒那风尘迷蒙的孔子，但，那真的是孔子吗？

道学家有可有不可，判划明晰，一丝不苟；他们岩岩高危，道貌岸然，礼教在他们手里，虽建构了人间的秩序，却也成了世人一道道阻隔的高墙。孔子不然，他无可无不可；也正因他的无可无不可，尽管自己心中了然，别人却未必懂得，于是，孔子总被门人质疑，总被时人取笑，还被诽谤、追杀、围攻，他有时狼狈，有时负气（道不行，乘桴浮于海），有时似乎动摇，有时还看起来笨笨的。但这样的孔子，使人敬，亦使人亲。

孔子但凡言礼，必与乐并举；他庭训儿子伯鱼，也是先言诗，然后言礼。诗通于乐，讲一个“感”字，再讲一个“兴”字。正因如此诗乐之人，因此，孔子陈蔡绝粮，弦歌不辍；匡地被围，弹剑而歌；称许曾点，风乎舞雩，歌咏而归；孔子这生中，一路有歌声。孔子当然重礼，也期盼人间秩序的重建，但因他诗礼并举，甚至诗先于礼，使得他的世界，没有道学家与世人那一道道阻隔的高墙。相反地，他与世人同其呼吸，彼此有调笑；他爱听别人说话，别人也爱听他讲讲话；时人会笑他，也会心疼他。

这像苏轼。东坡生前老被佛印取笑，死后儒者对他也多有非议，但他最得一个“兴”字；贬了半辈子官，却像是沿路在郊游，东玩西玩，到处好玩。天地山川、风霜雨雪，都在东坡的诗情中，同其俯仰；他与世人有礼敬，但又最亲，那天车上听导游沿途介绍，言必称，“我们杭州市长苏东坡大人”，真让人觉得，不仅西湖，不仅杭州，其实整个中国文明，都有着苏东坡的风景。儒者志在天下，就该学学东坡，让这悠悠人世，有感，有兴，有风光。较诸程朱，东坡其实更近于孔子，也更有孔子的真精神；东坡生前死后，令人怀想不尽，而孔子的礼乐志业，一如那暮春的舞雩，也原该是这般风景无限的。

循循善"诱"

——"煽动"者孔子

"诱"，这字眼，乍看突兀，似对圣人不敬，也和孔子严正的形象不甚搭调。但是，说真格的，这字用得真好；若非深知其中三昧，若非真为孔子解人，则不能用，也不敢用；颜回果真是，孔门第一人。

孔门高弟中，子贡言语无碍，口角便便；颜回静默含藏，"不违如愚"；他们二人，都曾"评论"过孔子，俱有擅场。

先说子贡。孔子身前，他是大弟子；孔子死后，他是大"护法"。有人毁谤孔子，子贡听闻，赶紧劝他别这么做，因为，仲尼不可毁，"他人之贤者，丘陵也，犹可逾也"；而仲尼呢？"日月也，无得而踰焉"。你若还想毁谤，只是自曝其短，"人虽欲自绝，其何伤于日月乎？多见其不知量也"！这话攻击、防御两相宜。

子贡聪明练达，得意于政商两界，是个台面人物；依现代的标准，他是彻彻底底的成功人士。子贡敬爱他"日月"般的老师，三年庐墓又三年，情深意切呀！孔子也喜欢这个得意门生，多有称许，道他是

“瑚琏之器”。

但他们师徒二人，多少有隔。

子贡现实感极强，故而是外交高手。齐将侵鲁，孔子要门人驰援，“子路请出，孔子止之；子张、子石请行，孔子弗许”；这紧要关头，孔子清楚，只有子贡盘盘大才，方堪此任，“子贡请行，孔子许之”。子贡利口巧辞，雄辩滔滔，其口角有如春天之风，固然有时和煦如东风徐拂，可化育万物；但有时凛烈亦如北风沙尘，足以折木发屋，瞬间窈冥昼晦。结果，“子贡一出，存鲁乱齐、破吴强晋而霸越”。好厉害！

然而，子贡得意于现实，虽有其长，亦有其短。子贡欲去告朔之饩羊，子曰：“赐也！尔爱其羊，我爱其礼。”师徒俩这羊与礼的矛盾，盖因眼界不甚相侔。孔子对于现实，当然有感；但他更关心的，是他的礼乐人世，是那辽远的清平世界、荡荡乾坤。子贡则是红尘中人，是个中佼佼，有一回，子贡问：“赐也何如？”孔子回答得干脆：“女，器也。”子贡追问：“何器也？”孔子再答：“瑚琏也。”

子贡才干卓荦，绝对当得起这“瑚琏之器”。然而，大家都清楚记得，孔子说过的，“君子不器”。两相对照，孔子的称许，显然有所保留。这“君子不器”，是孔子提醒门人，红尘里的荣华富贵，现实中的事业成就，好当然是好，但那毕竟仍是身外之物，于人不亲，不能过度当真的啊！

子贡为人体面，说话漂亮，像他的外交辞令。他位居要津，身旁难免会有些奉承的话儿，于是，有人就说，“子贡贤于仲尼”，子贡回应得好，“譬之宫墙：赐之墙也及肩，窥见室家之好”；你看得到，自然能知其好。至于仲尼，那就不同了，“夫子之墙数仞，不得其门而入，不见宗庙之美，百官之富。得其门者或寡矣”！那墙高，你见不着，难怪你要说我贤于仲尼了！子贡这话漂亮，不仅漂亮，甚至有些富丽堂皇。子贡此言，真心诚意，完全是对孔子的尊崇与景仰。然而，对此堂皇、对此富丽，我们听着听着，总觉得，似乎还少了些东西，少了些更真实的东西。

子贡一身富贵，不论行事、言语，都带着富贵气。那回，他浩浩荡荡，“结驷连骑”，前去探望原宪；但是，因为富贵逼人，过于高调，才那么不经意，就当场刺伤了老同学原宪。大凡漂亮的人儿，他生命有某个关键点，常常是到不了位；而许多漂亮的话儿，总有某些个地方，也稍稍不对劲。正因到不了位，孔子对子贡仍不无感慨，“赐不受命，而货殖焉；亿则屡中”。尽管这门人华贵高才，孔子心里疼爱，也诸多欢喜；但受不受命，兹事体大，于此，孔子犹有憾焉。

这关键点上，子贡与孔子是有隔的。但是，颜回不然。子曰：“回也其庶乎！”这话是说，颜回到位；又曰：“回也，非助我者也！于吾言，无所不说。”此话则说，颜回与孔子无隔。

他们师徒俩，是彼此最大的知己。就颜回而言，他的安然自在，他的湛然似水，生前死后，老师四处举扬，使得颜回这一生的蹇困贫穷，熠熠生辉，让后人在红尘世界的贵贱穷通之外，见到了更真，也更亲的人生面。而另一方面，就孔子而言，弟子三千之众，景仰他的，其数难计；崇拜他的，不知凡几。但是，景仰与崇拜，皆有其假象；再如何孺慕，也终有不到之处。因此，即便聪敏明达如大弟子子贡，与他尚且有隔；而忠心实诚如大弟子子路，对他也尚且不知其意，频生误解。像那回，绝粮于陈蔡，孔子的心意，弟子不懂就是不懂，要找个彻头彻尾明白的人，难哪！真要说，也就是这么一个颜回了！

相交满天下，知己无一人。孔颜师徒，何其有幸，他们都有一个真正的知己。人之相与，贵在知心；颜氏之子，人称颜渊，他懂得他老师的心。

佛教徒常说“欢喜赞叹”，此言甚好；此言若从极心底处，缓缓升起，再深沉些，那就是论语里头的“喟然叹曰”了。这辞，书中出现过两次：其一，是因曾点的“风乎舞雩”，故孔子喟然有叹；另一，则是颜渊谈他的老师，劈头一句，“喟然叹曰”，“仰之弥高，钻之弥坚，瞻之在前，忽焉在后”。这四句，乍看之下，也是个漂亮话儿，颇似前头子贡极言孔子伟大的“颂词”，但细细读来，却又不然。二者虽似，实则不是。

对颜回而言，他从游师门，叩问孔子，是他此生所参的最大一桩公案。颜回虽然澄澈灵透，但一路走来，仍不免信了又疑，疑了又信。而后，他越了然于心，就越清楚孔子这桩公案的难以参透。“仰”也好，“钻”也罢，“瞻”也行，上下求索，八方扣问，颜回明白，太大与太真的人，难知哪！

因为深知其难，所以颜回喟然有叹；也因参之最详，所以颜回接着，更有紧要一句，曰：“夫子循循然善诱人。”此句，关键词，“诱”。

“诱”，这字眼，乍看突兀，似对圣人不敬，也和孔子严正的形象不甚搭调。但是，说真格的，这字用得真好；若非深知其中三昧，若非真为孔子解人，则不能用，也不敢用；颜回果真是，孔门第一人。

“诱”，一是煽动，二是哄骗。

程度高的，用煽动；略逊者，兼用哄骗。运用之妙，存乎一心，不躐等，不躁进（孟子说的“勿助长”），是谓“循循然”。

"哄骗"云云，且不说它；这儿，就单单略表"煽动"二字。"煽动"通于"兴"，是让人无来由便起了一番大志。学记言道，"善教者使人继其志"，老师胸怀宇宙，学生就该吞吐山河；此志气，非传授而有，实感兴而得，是"煽动"来的。孔子这一煽，煽得门人志气清坚，煽得门庭阳气灼灼。作为一个"煽动者"，必有其群众魅力，故孔子门下有三千之众。这数目，在春秋那时代，委实惊人；而潜藏的实力，也颇为骇人。单就这点，各地诸侯便不能不看重他，也不得不疑忌他。尽管孔子温良恭俭让，但作为一个"煽动者"，权臣为之侧目，诸侯爱憎不定，皆其来有自。

孔子在齐，闻得韶乐，三月不知肉味，这同于革命者的情怀，也是"煽动者"的特质。韶乐触动的，是孔子礼乐治世的想望，是凤凰鸣于岐山的憧憬，是他此生无尽大愿的所在。孔子的无尽大愿，煽动了弟子；孔子的辽辽远志，也忻动了后世。这一煽，有三千人哪！这一煽，近三千年了！

孔子的煽动，"不愤不启，不悱不发"。孔子扶强不扶弱，他"煽动"学生要成为强者；有志气，有本事，就来吧！要不，拉倒！你"不愤"，你"不悱"，老夫就懒得理你啰！大扣大鸣，小扣小鸣，不扣，就不鸣；我的老师禅者林谷芳先生另加一句："扣破了，算你行。"同于孔子，禅宗另有名句："见与师齐，减师半德；见过于师，方堪传授。"这种话，不是"诱"，是啥？这当然是"煽动"语言，意思很简单，依然是，"有志气，有本事，就来吧"！

有一次，孔子问子贡："女与回也，孰愈？"子贡答："赐也，何敢望回？回也，闻一以知十；赐也，闻一知二。"孔子接着说："弗如也；

吾与女，弗如也。”这末句的“吾与女，弗如也”，后代一直有着争论：到底是谁比不上颜回？究竟单数或是复数？这争论当然有些好笑，但你若较真起来，兴冲冲就问起了孔子，没准地，他老人家会说道，当然是连我也比不上颜回啊！言罢，笑了起来，好开心呢！

这才真叫做，循循善“诱”。

挥别“孔孟”

——别硬将孔子与孟子“送做堆”

早先，中国人不说“孔孟”。要么，说“周孔”，要么，就说“孔颜”。自从“孔孟”合称、《孟子》的地位陡地拉高之后，中国读书人乍看使命感深了、理想远了、说话口气也大了，不幸的是，中国文化的整体气象，却从此倾颓了。

我喜欢读《孟子》。《孟子》的文章有风，泱泱浩浩，沛然莫之能御，一口气读去，常觉得畅快无比。如果用现在的流行字眼来说，读《孟子》，会让人感觉很“爽”。当年傅斯年担任大学校长，规定大一国文读《史记》与《孟子》二书。傅校长显然清楚，论文章，除太史公之外，还真没甚么人可与孟夫子相互颉颃。当年傅孟真写了一篇《这个样子的宋子文非走不可》，炮轰宋子文，惊动四方，一时洛阳纸贵。这篇争相传诵的文章，单论标题，就有《孟子》之风！

除了是天下第一等的好文章之外，《孟子》说理，更是辨析明快、确然无疑。他谈“性善”，尽管一直有人持不同意见，但历来认真搭理这些异议者，却是不多；毕竟，“性善”论一经《孟子》发挥，早已成为华人的文化基因，单单《三字经》开篇六字“人之初，性本善”，几乎就一槌定音，没啥好争议了。至于《孟子》所讲的“五伦”，更是字字铿锵、句句到位，一条条，都宛如数学公理、物理定律一般，读罢，除了颔首称是之外，还真是别无余事。

《孟子》文章绝妙、论理精辟，是一本了不起的大书。我每回读了，总不禁叹服再三。但即便如此，我依旧觉得：《孟子》在“子书”中诚可熠熠生辉，却不适合列入群“经”；而孟子是个鸿儒，也是天下之士，却不应拉拔到“孔孟”并称。

这又为何？

所谓“经”，是常道，是大根大本。《菜根谭》有段话说得好，“文章做到极处，无有他奇，只是恰好；人品做到极处，无有他异，只是本然”。“经”，就是无有他奇，无有他异；“经”，也就只是恰好，只是本然。“经”的重点，不在于文采斐然，更不在于雄辩滔滔；“经”的本质，是平常之中自有博大，淡然之处便可涵养。换句话说，“经”之所以为“经”，一是气象大，二是可养人。

孟子说话的口气大，却不见得有大气象。一个人的气象大，如五湖四海，可吞吐、可开阖，首先，就要知深知浅、容得下人，要对别人乃至于异己都能同其情、感同身受、有种根柢的爱惜之心。孟子不然，他批评人，动辄“禽兽也”、“非人也”，如此毫无容赦、自以为是，当然不是一个宽厚亮堂之人该有的大气象。正因孟子的气象出了问题，所以他对人多有不屑，这也瞧不起、那也瞧不起。最好的例子，是他蔑视管仲。

那回，公孙丑问他："将来齐王重用，您能在齐国重现管仲的功绩吗？"孟子一听，不高兴地言道："当年有人问过曾西：'吾子与子路孰贤？'曾西紧张地说：'子路是我祖父曾子的大师兄，连家祖父都敬之畏之，我哪能跟他比呀？'问者又道：'然则吾子与管仲孰贤？'曾西闻言，'艴然不悦'，说道：'你怎么拿我和他相比呢？当年齐桓公重用管仲，时间如此之长，信任如此之深，可建立的功绩却如此微不足道，唉！你怎么可以拿我跟这种人相提并论呢？'"孟子的结论是："管仲，曾西之所不为也，而子为我愿之乎？"言下之意，管仲有啥好谈的？拿管仲相比，太侮辱我了吧？！

这就是典型的孟子口吻。高高在上、俯视群黎，啥时都是"一览众山小"的姿态。但是，稍稍有现实感的人都难免纳闷：倘使孟夫子执了政，果真能扭转乾坤、轻易超越管仲吗？我想，在兵连祸结、秩序荡然的战国时代里，孟子如此托大，即使不是傲岸太过、轻佻太甚，至少，也是昧于现实了。如此昧于现实，在宋代竭力标举孟子之后，便成为许多主流儒者的共同特征。从此，儒生说话口气越来越大，譬如"为天地立心，为生民立命，为往圣继绝学，为万世开太平"之类，从此，儒生也越变越迂、越变越腐、越变越酸。

变迂、变腐、变酸，是因为对形势没有真实感，也因为生命气象窄隘了。宋儒标举"孔孟"，硬将孔子与孟子"送做堆"，倘使孔夫子地下有知，真不知要做何感想？就说管仲，当年孔子因管仲僭越礼制，也曾批评他"不知礼"，可尽管如此，孔子清楚这瑕不掩瑜，真论管仲的功绩，仍是非比寻常、实实地了不起。因此，后来子路、子贡为了政治节操问题（"桓公杀公子纠，不能死，又相之"），先后质疑过管仲，孔子不仅不以为意，反倒称许管仲“相桓公，霸诸侯，一匡天下，民到于今受其赐”。尤其捍卫文明之功，更令人感佩，“微管仲，吾其被发左衽矣！”

这就是孔子的气象。气象大的人，知深知浅；论人有层次，看人抓重点。孔子太清楚管仲维护华夏文明这桩事有多厚重的历史份量，于是，极少以“仁”许人的他，竟破天荒地赞叹管仲“如其仁！如其仁！”孔子这样的视野与气象，如果和孟子的轻蔑与傲岸硬摆一块，还真怎么看、怎么怪！

《孟子》曾说过一段话，其实极好，“以善服人者，未有能服人者也；以善养人，然后能服天下”。可惜，孟子做不到“以善养人”，终究只能“以善服人”。于是，我们看见孟子一身正气，当然佩服，可当他极自负地教训人时，又不禁觉得刺眼，甚至要起反感。孟子面对学生、面对时人，甚至面对王者，都有一种教训人的高姿态。在此高姿态下，孟子像是真理的化身；他的浩然正气，变成有种压迫感；我们看他，永远言语滔滔，好辩，且永远都会辩赢。

真要说“以善养人”，是孔子。我们读《论语》，看老先生有时会吃瘪，有时被笑话，不时还被质疑。子路对他的吐槽，俯拾即是，有时简直就是顶嘴。这正是孔子的大气象。孔子的门庭，一直有种气息、有种氛围，特别能滋养人。因为这样的气息与氛围，使许多人即便想法、作风有所出入，都仍愿意与孔子也来往、也说话。于是南子想见孔子，孔子迟疑了一会儿，终究去了，结果子路跳脚，还把孔子逼到赶紧发誓，说我绝对没做不该做的事！呵呵，这挺好玩的。

孔门这样的气息，大概就是和气吧！有和气，就能有是有非又与是非相忘；有和气，就能知善知恶又不执着于善恶。这样的是非善恶，就不会咄咄逼人，就能够养人。除了孔子之外，孔门第一和气之人，是颜回。颜回是一团和气，也是一身静气。颜回活得明白，活得安然，旁人与他相处，也会感染到这种明白与安然。颜回除了自身生命安稳，也关心外在世界，有淑世的理想，更有治世的能力，可惜时运不济，无法伸展抱负，却完全不妨碍他根柢的自在与从容。颜回不本末倒置，也不舍近求远，孔门师徒言志，他不谈高大上，也不标榜伟大理想，只是淡然说道，“愿无伐善，无施劳”。

颜回有种自信，一种暖暖内含光的自信。孟子也自信，但常常过头，让人觉得有点自大。自信的人有静气，自大的人则难免躁气。孟子被拉抬过高之后，他那种好辩的躁气，不仅影响了宋以后的主流儒者，甚至连当代一些看似与孟子毫无瓜葛的人，譬如各类公知、名嘴，都可以看到孟子的某些影子。每回我看到这些咄咄逼人、自居正义、动不动就激动得不得了之人，总会不禁假想，倘使宋以后不标举“孔孟”，而是延续着唐人那样地说“孔颜”，这世界，会不会更清宁一些？

乐以忘忧

——孔子与曾参

后儒所标举的孔子，其实是曾参等人诠释后的孔子。曾参极严肃，整个人都是紧的，但孔子不然，孔子松沉，如唐代古琴般松沉。孔子不会紧绷着，不会老是苦着一张脸；他固然严正，但是没有苦相；他虽饱经忧患，却一身清朗。

“先天下之忧而忧，后天下之乐而乐。”此千古名句，襟抱非凡，可敬可佩，道地道地是儒家本色。但若道此言全合孔子本怀，却也未必。

孟子说“生于忧患”，诚然，诚然也。有了忧患，始有文明；忧患，使人溥厚，使人思省，使人重新看到了自己。晚周诸子，面对王纲解体那未曾有之变局，面对礼崩乐坏那空前之乱世，他们动心忍性，其操心也危，其虑患也深，于是，百家争鸣，谨哗议论。或承其忧患，直接荷担，正着说，譬如儒者；或身处忧患，却立于其上，将忧患也一并打豁，反着谈，譬如黄老。

孔子呢？他在两者之间，自言“无可无不可”。孔子有法言，正着说；另有巽言，反着谈。他忧患既深，又能开豁。他不忘其忧，不改其乐。胡玫的电影《孔子》，虽说不算成功，却抓到了孔子豁然的那面。从这豁然，我们看到了不等同于后世儒者的孔子。

有别于孔子，儒者有可有不可，很是严明；唯重法言，严肃非常；先天下之忧而忧，忧深虑重；后天下之乐而乐，故鲜有悦乐。

晚周诸子中，有比儒家更忧深虑重、更鲜有悦乐者，那是墨家。因为重重忧患，墨者“日夜不休，以自苦为极”，“天下不堪，墨子独能任”，此等胸襟，此种悲怀，能不令人肃然起敬吗？然而，墨家倏然大兴，却又骤然急衰，何以哉？个中原因，若从思想来判划，当然多可辨析；然而，若从最直觉的外貌来看，我则以为，墨家的骤衰，是因为，他们有苦相。

中国这文明，一旦人有苦相，便觉不喜。且不管你是庶民百姓，抑或是圣贤教主，也不管是为柴米油盐此平常之物，抑或为了天下国家这伟大之事；你若老是苦着脸，总之，大家看了不惯。人生再苦，总有不苦；再多忧患，总可豁开。你到民间看看，至今多有这种极精神极健旺之人；他们也不是没有忧苦，生活也不是没有烦恼，但就是看得开，不露苦相。

昔日，佛教东传，早先造像，是颇有些忧苦的。那忧苦，是荷担了世间多少的无明与苦难，但，这苦相，毕竟与中国文明有隔。于焉，待佛教与中土相融渐深，佛像里的忧苦也随之渐泯，脸上的肌肉亦随之放松。至此，隋唐以后的佛像，就有更多的祥和与安然，这才是皆大欢喜。及至后代，佛寺的前殿已稳稳坐着弥勒菩萨，这大肚弥勒的笑脸迎人，正说明了佛教的中国化已然大功告成；有了这份喜气，佛教与中国文明遂已毫无间然。

同样的道理，十九世纪以来，欧风美雨肆虐全球，西方文化以摧枯拉朽之势凌驾各地，基督教以此雄厚资源，四处传播。然而，这极其强势的基督宗教，百余年来，在中土的传播，却一直颇受局限。向来，其传教之力道，皆不可谓不大；然而，其信众之人数，却不可谓不少。如此反差，何以然？教义如何，教理云云，且按下不表；若从最直觉的外貌来看，我仍以为，基督教之扩展有限，亦是因为，他们有苦相，而且是，太苦了。

基督教的忧苦，直接影响了西方文化人的精神样貌。说来好笑，我年少无知，不辨真假，有好几年的时间，竟然很向往西方那种忧思重重、郁深难解的沉思状。因为，不是每个哲人、每个文艺者，都尽皆如此吗？不是越有深度，就越忧深难解吗？不是连偶有笑容，也该是苦的吗？约莫如此，台湾西化的知识分子，颇多也感染了这忧郁深思状。这些年，他们总感慨，在台湾社会，知识分子已被边缘化，没人要听知识分子说话了。个中原因，当然多可探讨；但是，那回看了一帧照片，只觉得，其实也可以不必探讨了。照片缘由，是纪念中时创办人余纪忠先生冥诞，故台湾的自由主义诸多要角齐聚阳明山，这张照片正是与会精英的合影。我一看，哎呀！真是愁苦啊！好多张脸，都布满着深忧重郁！看着这些脸，心里明白，除了像年少强说愁的我之外，愿意听他们一抒经世大道者，恐怕，只会是一年比一年少了。

我端详着这一张张脸，那脸上的忧郁深重，除了移植自西方智识者的精神愁苦之外，其实，我清楚看到，这里头，仍多有根源于儒家者。这些精英，多半不是儒者，甚至也可能不喜欢儒家，但是，他们的以天下为己任，他们的先天下之忧而忧，与其说那是西方自由主义者的胸襟，更不如说是历代儒者向来的怀抱。这怀抱，不管你喜不喜欢，都已深入到华人世界大多数文化人的基因里。儒家的基因，其实遍在四处。我在这帧照片里，看到了儒家的殊胜，也看到了儒者的局限。

昔日墨者“日夜不休，以自苦为极”，因刻苦太过，苦相太甚，遂骤然而衰。而儒者越是后代，也越露苦相，与庶民百姓扞格渐深，遂成陌路。儒者兀自正心诚意，兀自天下国家，总之，世人听不进他们说话；不是道理不对，而是感觉不好。至此田地，儒家就难免也走上衰落之途。儒者的苦相，宋儒当然推波助澜最甚；但是，早在当年孔子新逝，儒者这种样貌，就已庶几成形了。

众所皆知，《论语》的编纂，是得力于孔子晚年那班弟子，譬如有若、子夏、曾参。较诸孔子，他们都小了四十几岁，这在古代，等于差了两辈；再加上个性都笃实忠厚，规规矩矩，绝不造次。因此，他们都极度仰望孔子，甚至过度仰望，进而将孔子的一切，都作胜义解。作胜义解，就难如实；甚且，他们都还可能进行着片面性的解读。因为，他们虽然笃实，但不雄大；他们都很规矩，却缺乏打开局面的豁然大气。于是，他们可以掌握孔子严正的一面；然而，对于孔子开豁的那面，却根本就无法相应。既不相应，又从何如实道来呢?

他们对孔子，真是不胜孺慕。孔子死后，因为有若长相颇肖孔子，这群门人竟然就拱有若为师，事之如早先事孔子一般，以解孺慕之情。可怪的是，这个有若，竟也没拒绝。两造之间，这孺慕之情，固然令人动容；但此孺慕之举，却委实使人诧异。孺慕之情，不可谓不好；但这般不胜孺慕，却很不健康，着实荒唐，这里头，有种耽溺。

这耽溺，也见诸子夏。子夏位列十哲，是孔门高弟；后世儒家之传播，他居功厥伟；后世儒者之性格，他也关键甚深。但是，子夏“规模狭隘”（朱熹语），孔子在世，就曾当面告诫他，“汝为君子儒，无为小人儒”，盖其气度格局皆有不足也。子夏晚年丧子，哭之失明。这丧子之痛，当然可愍；然哭之失明，则分明溺情太过。因为有种种耽溺，所以凡事打不开，破不了；儒者的困境，儒者的天堑，岂偶然哉？

再好的事情，若是溺于其中，都会渐渐异化，终成灾难。礼教如此，孝道亦是如此。曾参大孝，名闻天下；一回，他在瓜田，不慎斩断苗根，父亲曾皙大怒，当下便执粗棍，将他一棒打昏，曾参“仆地而不知人，久之”。待他醒来，“欣然而起”，先去问候父亲，有无因打他而疼痛？再退回房间，“援琴而歌，欲令曾皙而闻之，知其体康也”。

这样的曾参，真是无比贴心、孝顺非常。然而，早在当年，曾参这孝行，孔子就“闻之而怒”；曾参这孝子，孔子便严词呵斥。何以哉？孔子明白，再伟大的事儿，都不能像曾参这种耽溺法。可惜的是，偏偏有若、子夏、曾参这班“传法弟子”，个个都耽溺。孔子死后，他们不仅编纂《论语》，且又授徒讲学；既掌控了话语权，也拥有了诠释权。他们严肃，富热忱；他们宣扬孔子，也型塑儒者之性格。儒者特重忧患，这忧患意识，曾参可谓极致；曾参有疾，召门弟子曰：“启予足！启予手！诗云：‘战战兢兢，如临深渊，如履薄冰。’而今而后，吾知免夫！小子！”

曾参这样貌，极度庄严，沁入后儒的文化基因也极深。后儒所标举的孔子，其实是曾参等人诠释后的孔子。曾参极严肃，整个人都是紧的，但孔子不然，孔子松沉，如唐代古琴般松沉。孔子不会紧绷着，不会老是苦着一张脸；他固然严正，但是没有苦相；他虽饱经忧患，却一身清朗；“其为人也，发愤忘食，乐以忘忧”。这“乐以忘忧”的老者，若听了范仲淹那名句，说不定，他会颔首称是，然后，再莞尔笑道，你也可以先天下之乐而乐啊！

遥念孔颜

——重建人世的亲与敬

物化社会里，躁郁时代中，我们遥念着孔颜。藉此遥念，有心之人，容或从中证得了那份亲与敬，进而体得了那满满元气。于是，尽管眼前再如何晦暗迷蒙，一如两千五百年前的那一对师徒，他们面临困厄，甚至生死交关，但是静定安然，没有苦相，没有纠结，清清朗朗，就往前走去。

今人多“孔孟”合称，这当然是宋儒的影响。唐代之前，并不如此，说的是“孔颜”。汉唐诸人，他们相信，颜回最近于孔子。

中国文化，宋代之后，转折极大。眼下所传承的，多半就是宋以后、尤其是晚明的这个传统；晚明，有两群人物主流：理学家与文人。二者生命型态，颇多扞格，然而，看似矛盾，但实一体；彼此相克，却又相生。宋明理学家正心诚意、谨言慎行，其认真严肃，令人生敬；晚明文人怡情养性、吟风弄月，其风流自赏，令人可亲。但两者却都落于一端，均生流弊。前者可敬而难亲，其“敬”有如神道，失却人味，于是日渐道貌岸然，最后一步步走向僵化。后者则可亲而难敬，少了人世的庄严，于是文人过多的风雅，遂成耽溺；过多的赏玩，也不免丧志。疏狂放浪的结果，也终究难逃无行之讥。

宋代之后，儒者标榜孟子，强化了“敬”，但也远离了“亲”。孟子于人不亲，巍巍巉岩，大家敬他，但也怕他；孟子高危，言谈之间，不经意就流露出轻蔑；大家固然说不清，却分明感觉到，孟子对世人有种傲慢。理学家亦然，他们如此正经，如此严厉，训人论事，仿佛都对；别人一听，顿觉污浊，自己全身上下，似乎满是理学家口中的“人欲”，好像活脱就是孟子所骂的“禽兽”。世人对此正气凛然的“说论”，嘴巴不说，心里难免不服；于是，别说不“亲”，甚且都有不喜，可能隐然还有那么一些憎恶。积压既久，遂生反动。这反动，有明代极尽感官之娱的纵情放诞，有五四的急切激愤，最后，还有，“文革”的严酷。对读书人的无情摧残，某种程度而言，才导致了那新神道对旧神道这样一种报复。

正也好，反也罢，彼此两造，他们离孔子，都真的是远了。孔子不是这样的。孔子为人，与他教人，从不如此；其“敬”与“亲”，一而二，二而一，彼此不能丝毫断裂，两者不可须臾相离。孔子问礼、教礼，又以知礼闻名当世；他自然极看重人世的这份礼敬。但是，谈礼的同时，他必与乐并举；乐者乐也，亲也，怡悦也；《论语》第一章，劈头就是“不亦悦乎？”“不亦乐乎？”孔子且自言“乐以忘忧”，还特别称许颜回“不改其乐”。这“乐”字，才更是孔学的“正法眼藏”。可惜，后儒传此正法者，几希。孔颜的怡悦和润之气，孟子少有，后世程朱，虽欲学之，却怎么也学不来。

孔子言礼乐，礼云礼云，乐云乐云，人世要安稳，但妙趣也该无穷；

人生何等庄严，然喜乐亦当处处遍在。如此这般，礼才不会僵化，礼教才不会杀人。孔颜师徒，俱是严正之人，但他们有吟吟笑语，其和悦之气，一如暮春三月莺飞草长，他们有喜气，世人爱与他们说说话儿。可是，理学家不然，他们全身上下，尽是治国平天下与存天理去人欲这种伟大的事儿，伟大把他们塞满了，也扭曲了。他们这么伟大，伟大到失却了人味，没了喜气，反倒一脸苦相，真枉费他们自居孔子之徒。

礼乐礼乐，乐其实先于礼，一如“悦”在“理”之前。世俗称许人，常说“通情达理”；先“通情”，再“达理”，就是“悦”先于“理”。人与人交往，但凡情感一通，开心了，道理就好说；情感如若不通，还硬讲道理，这就是说教；再有道理，也是枉然。理学家与民间情感不通，说教数百年，隔阂既深，所以连《牡丹亭》里的丫环春香，都要对那塾师迂儒闹上一闹；“文革”，则是闹大了。

孔子的礼乐，乐主亲，通于格物；礼主敬，通于致知。乐先礼后，所以大学说格物致知，先格物，再致知。今日学院，只有致知，无有格物，所以求得了知识，却于人不亲，反成负担。“先格物，后致知”，这看似深奥，实属平常。民间总说，“情理法”，情在理先，又理前法后：情为事物之本，法乃凡事之末，真不得已，方才用之。而情主感通，乃格物之事；至于理法，则多知解，属致知之事。“情理法”这顺序，其实深谙格致之道。民间这说法，与圣人之道，自然相通，彼此便可互为知己；这样的相知相悦，才能让这个文化畅旺数千年，绵延至今。这般互为知己，及至今日，已不复见。民间世俗与专家学者，两相径庭，彼此颉颃，几乎就是两种全然异质的脑袋。现在的大人先生，对此格致之道，早已弃之如敝屣。现代人言必称“法治”，必曰“法理情”；你若再说“情理法”，他可是连笑都懒得笑你的。

诚然，当今这个时代，离那格致之道，果真已远了；不过，眼下这个世界，离那全面性的灭绝，确实也近了。人之为祸，岂非自招？人之招祸，从何而来？曰，因不能格物而起；曰，因情意有隔而始。凡百之物，一旦脱离了人的真情实意，难免就步向异化之途；异化之物，每每恶性繁衍，没完没了，要止都止不了。昔日宋儒情意有隔，未能格物，于是造作出数百年的理学；到了清代，引来反动，又造作出乾嘉考据之学；理学也好，考据也罢，通篇累牍，仿佛总说不完似的，结果，故纸堆里，空留一场徒劳。然而，当今社会，异化之深之甚，较诸宋儒，何只千万倍？其异化又岂仅仅只是情意有隔？事实上，当代物量无限扩张所堆积起来的一座座大山，千重、万重，重重阻隔，早已把人弄得几近无感。当年宋儒尚且只是有隔，而今这物化社会，则是情意荡然，既无亲，也无敬，完全是无记无念。

这物量社会的恶性繁衍，只能没完没了；举凡科技、法治、学术，莫不如此。资本主义商业逻辑驱使下，科技产品的推陈出新，停都停不了；以舒适方便为名、餍贪极欲为实的大量制造，止都止不住。研发、生产、营销、消费，日新月异，消费再消费，没有把地球耗竭殆尽，没有把物种全数灭绝，都不可能或有稍歇。至于法治，常识看来，再听政客学者一说，似乎崇高，好像了得；但究其实，那不过就是方便资本主义社会运转的手段罢了。为了物量社会的顺利运转，随着物量的急速扩张，法条即便早已多如牛毛，仍不得不加速制定。议会待审的新法条，再如何塞爆，想停也停不了的！犹如当今学术，除了对物量社会推波助澜之外，学术云云，早已毫无情味可言。君不见学院中那干枯乏味的学术论文，如癌细胞般恶性膨胀着；没人说得清，这如山似海的论文，于人于己，究竟有何意思？但明确可见的，却是因为这些论文的无限量产，一篇篇，逼出了过劳死；一篇篇，逼出了忧郁症；又一篇篇，逼出了许多人独坐研究室时那无尽的一片茫然。

这茫然，是因为情意荒荒，失落而无处凭借；人漂浮在物量社会造作出来的无尽虚空，无亲无敬，无记无念。遥想孔子当年，礼崩乐坏，人心慌失，他几度要失望了，却未曾绝望；他几回也真丧气了，但随即元气满满，很快又好了。然而，令人好奇的是：他的元气，从何而来？他的高徒颜回，一箪食，一瓢饮，困居在陋巷，换成你我绝多数人，皆难堪其忧，但他却是不改其乐；同样的问题是：颜回的乐，又所从何来？

孔颜的一生，有亲，有敬，有大信。“自古皆有死，民无信不立”。这大信，维系了孔颜一生的志气于不堕。孔子栖栖遑遑一生，他切切于心的礼乐治世，无非就是要找回世间的亲情与敬意，重建大信。颜渊问仁，孔子答以“非礼勿视、非礼勿听、非礼勿言、非礼勿动”，这般对人世的礼敬，令人肃然；同时，史记又说，颜回“年二十九，发尽白。蚤死。孔子哭之恸，曰：‘自吾有回，门人益亲。’”这份亲意，则又使一切的生老病死当下解脱，亦使一切的寿夭祸福俱证涅槃。孔颜对人世的大信，可远离颠倒梦想，得究竟涅槃。

物化社会里，躁郁时代中，我们遥念着孔颜。藉此遥念，有心之人，容或从中证得了那份亲与敬，进而体得了那满满元气。于是，尽管眼前再如何晦暗迷蒙，一如两千五百年前的那一对师徒，他们面临困厄，甚至生死交关，但是静定安然，没有苦相，没有纠结，清清朗朗，就往前走去。

之贰 · 论语随喜

数十年前，有谈《论语》者，题为『论语随喜』；此题既随机对应，又充满喜气，甚觉其好，故沿用之。

第一则

不违，如愚

——师徒相与，贵在印心

中国传统教育，不管是早先的孔门，或是后世的禅门，向来都是如此简静，如此言语寥寥。正因老师说得少，学生才更聪明，更有智慧。说多了，反而是扼杀。师徒相与，贵在印心；心若相印，何劳千言万语？

子曰："吾与回言终日，不违，如愚。退而省其私，亦足以发，回也不愚。"〔为政篇〕

孔门高弟中，会问问题的，可真不少。

像子贡，聪明绝顶，问题常刁钻而有深度。他天生会讲话，一张利口，穷追猛打，向来鲜有对手。但孔子又岂是等闲，哪里容他兀自舌灿莲花？于是，兵来将挡，水来土掩，师徒俩对话，特有机锋妙趣，最见精彩。话虽如此，孔子还是明白，太会讲话，多半也不是什么好事，故而时时不忘要挫挫子贡的锐气，提醒他：小子！话别说太多，更别说太满，有比会说话还更要紧的事，该鸣金收兵了！

又像子路，坦率热诚，但凡稍觉不对，动辄杠上孔子，时不时又高分贝要质疑他老师，其言语之直接，其问题之尖锐，最有后儒不易见到的灼灼阳气，好一派兴旺气象！话虽如此，子路毕竟莽撞，又常不解孔子心意，最后遂多以挨骂收场。但修理归修理，孔子一旦骂完，这子路，终究不改其志，才没多久，下回，又是直肠子一条，大喇喇，他劈头就问。

相形之下，颜回与孔子的应答，就显得“单调”“无趣”许多。颜回对孔子，没有质疑，几乎无条件接受。他问问题，平易寻常，难见惊人之语。孔子答后，又不追问；即便追问，也是寥寥数字，点到为止。静默含藏至此，难怪大家误以为他是“乖乖牌”。说“乖乖牌”，还算客气，孔子则是直接说他，像个呆子！

这呆子，其实半点不呆；这“如愚”，也丝毫“不愚”。“大智若愚”，我们都知道，但也仅仅只是知道，颜回却让你我清楚看到。颜回的静默，总让我们想起武侠世界的高手，不仅不轻易出手，更不轻易开口。至于一旁张牙舞爪、纷纷议论之辈，又有几个是真正的高手？虚张声势，搞笑罢了！

颜回的静默，是因心头明白。“知人者智，自知者明”，有了自知之明，得得失失，寸心皆知；局限在哪？不足在哪？心里明镜似的。“退而省其私，亦足以发”，待明白后，接下来，是自己的功课了，各自好去吧！老师呢？老师不过就是起个头，诱你一回，点你一下。真明白，是自己明白；真领会，也得自己领会。因此，言语寥寥，足矣！

中国传统教育，不管是早先的孔门，或是后世的禅门，向来都是如此简静，如此言语寥寥。正因老师说得少，学生才更聪明，更有智慧。说多了，反而是扼杀。师徒相与，贵在印心；心若相印，何劳千言万语？若不相印，再如何唇焦舌敝，也是枉然！

这种印心，与我们今天，当然全不相侔。今日教育，早已无关乎印心。你若谈起印心，那些学者专家，可要大摇其头，连笑都懒得笑你的！现在台湾的教育，说穿了，就只为迎合资本主义，只为适应物化社会，连“品格教育”云云，不过就是希望你乖乖当颗螺丝钉好好循规蹈矩再努力赚钱别捣乱别胡思乱想好让这物化社会可以运转下去，行吧？物化社会的教育，只需要有创意，不需要有思想，更不需有修行。因为只有创意，才会牵涉商机。于是连文化，都要变成文化创意产业！这个物化社会里，所谓教育，你看！课程纲要多么琳琅满目、教材教案真是通篇累牍、参考数据简直部繁帙浩，不这么做，还通不过评鉴呢！于是，老师整天说、整天写，不断量产，像个作业员，教室像条生产线，至于学生，则成了一批批规格化标准化的产品。

既然规格化标准化，理所当然，你就会看到越来越多的学生有如工业制品，外表标新立异，其实面目模糊；喜欢要炫要酷，但常两眼无神一脸茫然。当我们看到那一双双失焦的眼神，不妨再重新想想，那个“不违如愚”的颜回，当他望着孔子，心领神会之际，那又会是怎么样的一种眼神？

第二则

士志于道

——文明的重建，在于士的自觉

知识分子会因不公不义而浮躁难安，也会因社会乱象而愤懑怨怼，更会为了忧心时局而郁郁难解。但，士不然。“士志于道”，志士心里明白，士之首务，是自己心中，时时都要有个清平世界；如果自身都不得清安，如何期盼使天下人清安？

子曰：“士志于道，而耻恶衣恶食者，未足与议也！”〔里仁篇〕

中国文明在复苏。首先要恢复士的自觉。

士的自觉，在于视野；因视野辽阔，故不拘于窄隘之地。士的自觉，在于格局；因格局宏大，故不执于六尺之躯，虽恶衣恶食，亦不足为耻。

晚周诸子，无一例外，全部都是士，他们是国士，更是天下士。他们志在天下，不斤斤于拘隘的地域国家。因不拘隘，故孔子离鲁而周游列国，冀望一展政治抱负，没人会訾议他为“鲁奸”；而孟子去邹而游于齐、梁，对齐、梁之君大谈王天下之道，也没人骂他“叛邹”，更没人怀疑他要“篡周”。同样的道理，屈原因贵族出身，对楚国情感甚深，其倦倦难舍，终至以身相殉，大家可以理解，也替他惋惜，却不觉得需要向他学习。

中国读书人这士的自觉，历数千年，始终不辍。有此自觉，中国文明遂得以屡仆屡起；有此自觉，遂使中国文明向来是，有亡国家，而无亡天下。

这士的传统，虽以晚周为盛，但后代仍旧不绝如缕；直至五四运动，这士的传统，方告断裂。五四因为“全盘西化”，而西方无此传统，士便渐渐隐去；取而代之的，就是所谓的知识分子。

知识分子以知识学问为业，也关心国家社会的公共事务，乍看之下，与士相侔；但二者，其实不同。

不同之一，士以天下为己任，迥异于知识分子的动辄强调民族（国族）主义。士当然会有民族意识，却不落于民族（国族）主义。士的民族意识，只可以是种清朗的情感，不溺于情，不会有近代知识分子“献身”民族主义的种种举动。究极说，所有的“献身”，不管对象是民族，是革命，或是各种主义，都是一种难以自知的巫魇。看来再如何伟大，但最终招来的，仍是不祥。

士的民族意识，毋宁是文明的。孔子严华夷之辨，无关种族，只是区别了文明与无明。孔子关心礼乐文明之重建，却不在意鲁国是否强大；同理，孔子称许管仲，也只因管仲维系华夏文明于不坠。对士而言，文明广被，泽及八荒，那才叫王天下。近代知识分子以传统文化为阻碍国家强大的绊脚石，必将自家文明去之而后快。这种视国家民族于文明之上的，只可以是知识分子，不可能是士。

士与知识分子，不同之二，是孔子所强调的，“士志于道”。中国文明，由“道”总绾，向来文、史、哲、艺、道一体。士为文明之载体，故必志于道。但知识分子不然，他们可以是专家学者，可以是博雅多闻，然而，他们没有“道”的自觉。因为，在西方神圣与世俗二元论的传统里，“道”属于宗教，是神职教士之事，那无关乎知识分子。

中国文明没有这种二元分割，“士志于道”，“道”本修行之事，对士而言，志在天下与一己修身，两者本为一体；澄清天下与自家安顿，原是一而二，二而一。在中国文明里，志士的一生，就是一生的修行。

知识分子会因不公不义而浮躁难安，也会因社会乱象而愤懑怨怼，更会为了忧心时局而郁郁难解。但，士不然。“士志于道”，志士心里明白，士之首务，是自己心中，时时都要有个清平世界；如果自身都不得清安，如何期盼使天下人清安？一如孔子当年，外头的干戈，列国的倾轧，终究撼动不了他心头礼乐的风景明丽。那心头撼动不了的孔子，才是孔子之所以为孔子。两千多年来，因为孔子心头的风景明丽，因为孔子的笃定自在，遂有中国文明的恒亘绵常。而今往后呢？中国文明在复苏，我们也期待着士的新起！

第三则

无为小人儒

——正人，未必等同君子

孔子说“小人”，指涉极广，范围极大，但这里说的，其实是气度窄小、器量褊隘的那种儒者，儒者几乎都是正人，规矩有度，端端正正；但正人，未必就是君子。至少，“君子坦荡荡”这关，后世的许多儒者，就通不过的。

子谓子夏曰：“女为君子儒！无为小人儒！”〔雍也篇〕

孔子在此告诫的，岂是单单子夏一人？

书法家董阳孜老师有回闲聊，言道，她读《论语》，总觉得，这书里的好多话，都像是孔子坐在前头，就直接对着她说似的。

是啊！许多人不也都深有此感？也正因如此，所以，明明“打倒孔家店”这口号已响亮了近百年，而今日信息的恶性膨胀也早已不可收拾，但是，令人好诧异的是，怎么不时都还有人会那么不合时宜地拾掇起《论语》，重新又披阅一番呢？

是的，《论语》里头，有种亲切自然；读着读着，如闻謦欬；让我们，仿佛看到了孔子，也见到了自己。

不过，我还是有些好奇，当董老师自觉立于孔子面前，那孔老夫子对她言说的，会是称许多呢？还是责备多呢？这问题，我当然不好意思问她。但若换成是问我，答案倒很明确，那自然是，责备多喽！孔子每回责备学生，我微微觑着，心头都难免一惊，却又开心，但仍不免嘟囔："唉呀！怎么又被说中了呢？！"

尤其是这则"无为小人儒！"

二十年多前，我自己曾是个儒者，旗帜鲜明，成日天下国家，满嘴理想道德；那时，若说"小人儒"，我肯定是恕难同意的。（其实是"怒"难承认呀！）对此质疑，只会极认真严肃，忿忿不平地问道，我不是君子，是啥？

而后，我与儒家，一年一年，渐行渐远。走远了，倒明白了。离儒家远了，却与孔子近了，也亲了。而今，再回头一看，当年模样，千真万确，不折不扣，更毋庸否认，就是个"小人儒"。

孔子说"小人"，指涉极广，范围极大。"小人"，可以是卑鄙龌龊，也可以是机心炽烈，更多则是蝇营狗苟。但孔子这里说的，显然都不是这种奸恶不堪者流。（这种人也称不上儒者呀！）他要告诫子夏的，其实是，莫成了气度窄小、器量褊隘的那种儒者呀！

儒者几乎都是正人，规矩有度，端端正正；但正人，未必就是君子。至少，"君子坦荡荡"这关，后世的许多儒者，就通不过的。譬如子夏，他循规蹈矩，但执于规矩；他过度拘泥，心量不大，气度也不恢弘。人一窄隘，平日无事，犹可谦恭温良，貌似君子；然一旦遭逢变局，便常踉跄不堪。子夏晚年丧子，哭之失明；丧子之痛，虽说可愍，但伤痛至此，则分明溺情太过。如此深陷其中，溺而不起，与“坦荡荡”三字的通达开豁，真是迢迢其遥；这样溺情深执之人，离“君子”这一词，也确实远了。

年轻时，我自认一身“正气”，对于周遭事物，动辄愤懑不平。而今看来，当时的“正气”，虽非全假，但实则掺杂过多的“戾气”，却不自知。于是，我这么一个乖戾之人，常常竟日烦忧，每每悲愤难解，心里，从没个安然。后来，幸而我远离了儒家，找回了根本，隔了好久，重新再翻到“小人长戚戚”，我才终于开心地承认：“是呀！我就是这样啊”！从此，我读着《论语》，看到了孔子，也见到了自己。

第四则

不亦悦乎?

——“悦”，论语的关键词

“悦”“乐”这二字，是论语全书的关键词，更是孔学的“正法眼藏”。古往今来，说孔道孔的是或不是，尊孔学孔的到与不到，都该以此作为评判的标准。

子曰：“学而时习之，不亦悦乎？有朋自远方来，不亦乐乎？人不知而不愠，不亦君子乎？”〔学而篇〕

《论语》开篇，先说个“学”字，起头就“不亦悦乎”，再来又“不亦乐乎”。这么既“悦”又“乐”，真是响亮！乍然一听，就令人不禁神旺！此二字，确立了我华夏民族的光明喜气，也成了中国文明最不共的特色。你想想，世界上有哪个文明的根本典籍，一开头就以“悦”“乐”这样的姿态亮相的？

单单因这仅有的亮相，就该结结实实为他喝个满堂彩！

于是，我说，“悦”“乐”这二字，是论语全书的关键词，更是孔学的“正法眼藏”。古往今来，说孔道孔的是或不是，尊孔学孔的到与不到，都该以此作为评判的标准。合此二字，则离孔子近；违此二字，则距孔子远。若远观近看、人前人后，此人皆能自在安然，轻易便透出悦乐之情，那么，可以与言孔子矣！此人若谈论学问、综观天下，虽深知忧患，却又不露苦相者，那么，庶几与孔子近矣！

依此，理学家大概是要落第的。因为，他们有苦相。他们虽言必称孔子，又整天将圣人挂在嘴边，但他们的脸，总是被过多伟大之事譬如正心诚意又譬如治国平天下给压得肌肉紧绷，平时就过度严肃，还动辄便要骂人。还记得那一年，春日正好，宋哲宗游于内苑，只是随手折了一条新发的柳枝，便恼怒了师傅程伊川。这程夫子老实不客气，发了番大议论，严严实实就把小皇帝给训斥了一顿。程夫子，理学“大师”，后世景仰之大儒，但是，说真格的，纵使他再怎么凡事有理，再怎么头头是道，真要与之相处，多半会是，他觉得我们实在碍眼，而我们也半点无法感受到自在，“悦”“乐”云云，实在遥远！

同此，当代的新儒家，恐怕也难以入第。新儒家学者在学院工作，做着“客观”的学术工作，进行抽象的哲学思辨，比如新儒学“大师”牟宗三，其巨著《心体与性体》，数册煌煌，建构了一套严密的道德形上学。往好说，固然是洋洋大观；究实说，诚也是蔚为奇观。说是奇观，是因牟氏此著部繁帙浩，全书以孔子为中心，进行了体系庞大的抽象思辨与分析，但，前孔子、后孔子，通篇说孔子，却与孔子的真实生命全然不相应，这岂不怪哉！

孔子是什等样人？首先，他述而不作，从来他就是无意、也不愿进行结构式论述；且他凡事具体指点，只要说理，必然具象，从来没有抽象思考的；而他又不谈抽象哲学，更不谈形上学。其实，哪里又只是孔子，出了学院，中国人从来就不是那样抽象思考的！于是，假如孔子看了牟氏这以他为名的庞大的道德形上学，恐怕只会瞠目结舌，诧异地笑着摇摇头：唉呀！真精彩呀！然而，这与我什么干系呢？

新儒家的“学术”，与论语全书第一个“学”字，完完全全，是两码子事。“学术”云云，既是抽象，便与修行无关；若与修行无关，就别谈孔子。于是，新儒家再多的道德哲学，都难逃戏论一场。而既要标榜客观，当然就得脱离情感；既脱离情感，“悦”“乐”又从何而来呢？孔子又岂是如此？他的“学”，必然具象，一定具体，必结合着生命修行；他的“学”，亦主亦客，先感后知，必结合着情意，故多有“悦”“乐”。

很多人作学问，“学”了半天，还是与“悦”“乐”无缘，这其实是他们学问的体制压根儿就出了问题。你看学院里，多少的忧郁症！今日的学院，除了量产论文，真要作学问，根本就是条死胡同！看看孔子吧！看看他怎么做学问的！有心学问者，这学而篇头一章的开宗明义，都该三复斯言！

第五则

不如丘之好学也

——学得那元气满满

孔子的元气饱满，也不单单是这回政治抱负的开展，其实，是遍在于他生命的每一个时节。至为寻常可见者，是他最得意非凡的“好学”二字。

子曰：“十室之邑，必有忠信如丘者焉，不如丘之好学也。”〔公冶长篇〕

你瞧！孔子这得意呢！

《史记·孔子世家》记载，鲁定公十四年，孔子年五十六，“由大司寇行摄相事”，准备一展抱负。这消息才发布，孔子“有喜色”；当下，门人见了不惯，就质疑他，“闻君子祸至不惧，福至不喜”。唉呀！老师啊！您怎么得意成这个样子呢？

孔子常被学生质疑，这真是好，这最可见孔子之所以为孔子。而这样的质疑，在古代的诸多名师中，其实并不多见。以他这层级的老师来说，常被质疑，当然不是他逊，而是因为他大，因为他真。太大与太真的人，难知哪！难以遍知，无可看透，就不免心生疑惑；恰好，孔子偏又喜欢弟子诸般叩问诘难，即便有些不客气，甚至颇为尖锐，他都来者不拒。于是，这各式各样的质疑，可真热闹！也真是阳气！有这热闹与阳气，遂蔚为孔门最溥博浩瀚的万千气象。

当然，话说回来，这次门人的质疑，认真琢磨，其实也不算错；而所言之理，也很正确。但是，尽管如此，我还是更喜欢孔子的这种得意。

孔子的得意，是他的元气饱满。这就好比，每一回的新年伊始，可能只是想到“万象更新”四个字，可能只是感到元春的节气在更移，更可能全然不为了什么，毫无来由，便对眼前的岁月，满怀欣喜，有种好情怀。正因这种好情怀，孔子这次的“行摄相事”，他载欣载喜，期待满满，不由得便得意了起来。这种开心，我特别觉得亲切，好比小时候过年。

孔子的元气饱满，也不单单是这回政治抱负的开展，其实，是遍在于他生命的每一个时节。至为寻常可见者，是他最得意非凡的“好学”二字。

孔子的好学，自幼及长而到老，造次必于是、颠沛必于是，真可谓死而后已。论语里头，孔子常常称许人；无论今人古人，他从来都不吝惜称赞。他看这个人也好，看那个人也棒，看着看着，忍不住就欢喜了起来。然而，大家都明白，孔子虽常许人，却从不轻许；他的称许，有其限度，是有保留的，都只在一般相对层次来谈。至于有些最高级的词儿，譬如“好学”，乍看平常，他却极不轻易用的。通篇论语，你数数，明着称许“好学”者，有谁？寥寥数人耳。其中头一个，是孔子夸奖他最得意的爱徒颜回；再一个，就是孔子表扬他老人家自己啰！

今人多言，“活到老，学到老”；又言，“终身学习”。这些话，和孔子所说的“好学”，似而不是，其实并不是同一回事。如若相同，孔子的“好学”，位阶就不可能这么高；如若相同，那么，孔子在这儿得意个什么呢？如若不同，这差别点，又在哪儿？在这情意荒失、百无聊赖的躁郁时代里，在这学习之声震天价响、却又不知学为何物的时代中，我们要重新看待那个元气满满的孔子，就不妨从这个差别点契入吧！

第六则

十五志于学

——也谈“生涯规划”

志气向来讲不明，却明明白白开向一个可欣喜的未来；志气向来说不清，却清清楚楚指向一个可感兴的未知。青衿之志，贵在昂扬，贵在饱满，有此深厚底气，往后的人生，便可且吟且啸、且歌且谣。“走尽天涯，歌尽桃花”。

孔子自叙，年少之时，他“志于学”；年长之后，则“志于道”。现代人不言“志”，只谈“生涯规划”。

“生涯规划”，看似与“志”相仿；其实，完全两样。

现在年轻人，普遍无志；问题症结，不在他们，在成人世界。成人造作的物化社会，无可欣喜；你要他们，如何有志？

志气，近于浑沌，必是感兴的。一如《西游记》那块灵石，受天真地秀、日精月华，感之既久，遂一迸而出那只石猴；才学爬学走，石猴便拜了四方。他四方礼拜，是对天地有敬意；更是这世界实在新鲜、饶富兴味；这孙行者，可谓有志。志气向来讲不明，却明明白白开向一个可欣喜的未来；志气向来说不清，却清清楚楚指向一个可感兴的未知。

志气如诗。好的时代里，年少之人，各有其志；而少年十五二十时，也人人皆可是诗人。诗主感，又主兴；孔子说，“兴于诗”。诗向来也讲不明，说不清；现在学校教授古诗，为图方便，硬是逐句翻译成大白话：说是教学，其实是造孽。他们把学生仅剩的感悟能力，也将扼杀殆尽。

诗，是透过文字，与天地精神相往来；诗，是通过文字，与人世风景相映照。诗是孔子说的“思无邪”，是日月光华照见天地万物，历然爽豁，俱生好意。诗是年少的志气满满。青衿之志，贵在昂扬，贵在饱满；即便过当，即便恣纵无崖，都无碍于那厚实底气。年少青春，有此深厚底气，好比盘缠殷实，往后的人生，便可“走尽天涯，歌尽桃花”。

“走尽天涯，歌尽桃花”，这般且吟且啸、且歌且谣，完全迥异于今日所言的“生涯规划”。“生涯规划”之为恶，正在于完全没有诗情。年少时代，无有诗情，何言青春？无有诗情，何言志气？“生涯规划”，是标准化社会的产物，明确清晰，像张工程图；人但凡按部就班，就能达成“目的”，成为一个标准产品。“生涯规划”之人生，如生产线。此时此地，装零件；彼时彼地，钉螺丝；传送至末了，装配完毕，但生命也成乌有。虽然即将乌有，但这物化社会也因利之所在，透过各种讯息，以不连累他人为名，劝你尽早再做个“规划”，所谓“生前契约”。

生产在线，人人依相仿的“进度”，循序渐进。开头通常是用功读书，考好学校；不用功也行，总之找好工作，努力赚钱，设法理财；然后买车、买房、买保险，最后，再买个“生前契约”吧！赚钱、退休、养老，如果人生只剩如此，真是不要也罢！莫怪年轻人无感无兴，也莫怪年轻人不知志气为何物。毕竟，成人世界教他们的，只剩这一份份的“生涯规划”！

孔子的时代，重重忧患；但他那时，满满志气。他十五志于学，而后志于道，到了晚年，还动辄问对门人：“盍各言尔志？”千百年后，孔子若是地下有知，当仍愿意召唤今日年少者：甩开那劳什子的“生涯规划”吧！来吧！说说你的志向，老夫爱听呢！

第七则

五十而知天命

——得失成败，俱成全

世间之事，譬如下棋，总开疆于层层阻碍中，总辟土于重重限制里。有限制，才有成全；越大的限制，常常成就了越大的可能。

子曰："吾十有五而志于学，三十而立，四十而不惑，五十而知天命，六十而耳顺，七十而从心所欲，不踰矩。"〔为政篇〕

上回演讲，座中有客提问，"五十而知天命"。我笑着说，这是孔子年逾七十，谈他五十之心境；可这岁数，我都还没到呢！现在来说"知天命"，恐怕也就想象多于体会了；我姑妄言之，大家就姑妄听之吧！

天命，一是限制，二是成全。有限制，才有成全。

先谈"十五而志于学"。年少时，人贵有志。其志辽辽，其愿未央，这是青春之最可感激处。青衿之志，不必具体，也不用明白；有些浑沌，甚至有些胡涂，那才好。但凡精神饱满，生气昂扬，有胸罗天下之襟抱，这般气宇轩昂，这样志气清坚，就已然不负少年头了！

志气清坚，是孔子常说的“兴”字。早晨初起，眼前的一天，还没打算做些什么，满满的却有一份朝气，这就是“兴”。禅僧说，“日日是好日”；他们最能得个“兴”字，所以个个抖擞，人人精神。这般带着些浑沌，却又处处蕴含着生机，也是中国诗歌真正的境界。故孔子说，“兴于诗”。

“兴于诗”，接着是，“立于礼”。花事虽好，但不管春日如何烂漫，如何无边无尽，仍得有个收束，来日方能结果。青春的浑沌，年少的志气辽辽，那是蓄势待发，仿佛眼前有桩大事；但酝酿足了，蓄藏够了，真要出发上路，就得方向明确，格局清晰。于是，诗之后，要有礼；兴之后，得有立；因此，“十五而志于学”之后，孔子说，“三十而立”。

确立了，方向定了，就该上路了。但，走着走着，颇有挫折，屡屡困顿。始料未及呀！境界一旦现前，原先的方向，忽起了彷徨；原本的信心，竟也开始动摇。敢莫有些事情，其实没搞清楚？敢莫对于自己，也没真弄明白？一次次生命状况，引来一回回困惑；但，这未尝不好；小疑小悟，大疑大悟；有了疑情，才可能有后来的不惑。禅家又言，“一日有一日的领会，十年有十年的风光”。于是，又十年，孔子这风光，自道是，“四十而不惑”。

待困惑一一廓除，随着年岁增长，却更明白，许多的事儿，前头都横亘着一座座大山；难以翻越，难以撼动；倾一己之力，真能所为者，其实，都极其有限。这有限，固因人之自身，必然局限重重；亦因时代环境，定是限制层层；更因，天命浩荡，委实难料。

天道幽微，天意难测。世间之事，成与不成，常常是一发引千钧；不成，固是天意；若成，实也天幸。万事俱备，总欠东风；唤来了东风，孔明岂不知，这是借天之力，侥幸哪！游嬉天人之际如孔明，比谁都清楚，什么是天心，什么是人意；他最明白，“谋事在人，成事在天”。于是，他的鞠躬尽瘁、死而后已，不过尽尽人事罢了：成或不成，天命存焉。同样地，五十都好多了，孔子周游列国，从此悠悠十余载，那仆仆风尘，历尽险阻，也不过是对礼乐文明表表一番心意罢了！已然知天命的他，这一路风尘，其实，多多少少，是明知故犯！

生命的一座座大山，个中的一重重限制，若真切体会，如实感得，那么，人会谦卑，生命也会聚焦。业师林谷芳先生曾言：“明了自己的有限性，才可发挥一己的有效性。”自身的局限，外在的限制，若真明白了，人就不会穷酸寒伧，也不会怨天尤人，更不会妄作轻为。不虚掷于自怜自叹，不随意轻举妄动，这意味着，但凡出手，就更可能，一击必杀。换言之，明白了限制，也聚焦了能量。一旦聚焦，于是，人真能所为者，虽说不多，却也不少；无需自我膨胀，但也无庸妄自菲薄。所谓天命，正是这如如实实的不多也不少；说穿了，是李白说的，天生我才必有用。

世间之事，譬如下棋，总开疆于层层阻碍中，总辟土于重重限制里。有限制，才有成全；越大的限制，常常成就了越大的可能。当年苏轼因诗入狱，几濒于死，而后，一路贬谪，灾厄历尽。但是，这灾厄中，东坡“幅巾芒屐，与田父野老相从于溪谷之间”，平淡天然，如实领略。于是，这种种灾厄，竟成就了一个更雄阔、更旷视古今的东坡居士。同样地，五十好几的孔子周游列国，从此十余载的仆仆风尘与艰难险阻，敢莫，也是天意耶？也是天要成全他吗？是的，得失成败，俱成全！天命如此浩荡，但真能成全什么，也端视你我领受多少了！

第八则

不知老之将至

——无老死，亦无老死尽

今人越老越怕、越怕越老，实在窘困；而年轻人未老先衰，更是可哀。但人之将老，本不必如此不堪，反而应该更具风华才是。看看孔子当年吧！那人早已耆耋，却仍意兴扬扬，“发愤忘食，乐以忘忧，不知老之将至！”要老，也该老得这么漂亮！

叶公问孔子于子路，子路不对。子曰：“女奚不曰，其为人也，发愤忘食，乐以忘忧，不知老之将至云尔。”〔述而篇〕

佛经有个辞，“无寿者相”，借来说这“不知老之将至”，或许合适。

有种人，很难说得准他究竟多大年纪。外表看来，他白发苍苍，分明早已耆耋。但仔细一看，却又不然；他双眼所及，这个世界，好新鲜，处处兴味盎然；他的眼神，清朗明净，又宛如赤子；而其行事，更是神采奕奕，鲜亮照人，那种精神抖擞，可真是朝气。

但若说他年轻，偏又不像。年轻人的难免浮动、容易轻佻，他可是完全没有，也嗅不出半点躁气的。他沉稳安然，像高僧入定。风涛迎面时，他只不动如山；这不动，分明是岁月锻炼出来的。而境界现前，他又眼神静定；这静定，更是因为风霜饱历，见得到他年轮满布，像棵苍老寒木。

这种似老非老、非老实老之人，勉强言之，“无寿者相”，仿佛是没年纪的。一个人仿佛没有年纪，既年长，又年轻，没有老或不老的问题，甚也没有死或不死的问题。就生理的实然，他当然有老亦有死；但在精神的实然上，他的确可以无老亦无死。心经另言，“无老死，亦无老死尽”。这可比孔子一生修行，亦可比今人读论语之鲜活依旧，更可比明明两千多前年的孔子怎么还宛如现今呢？

西风东渐，现代人怕老，也讳言“老”。怕老，固因物化社会，老人鲜受影响，普遍俭省，消费不多，故而资本主义将之给边缘化。怕老，也因这物化世界，既标准又规格，单调无趣到令人窒息，商人藉由不断“推陈出新”，刺激买气，也刺激仅有的一点生气；“老”遂一变变成了陈旧，不利买气，动辄要被“推陈”掉的。于是，“老”，成了负面词，人人避“老”，唯恐不及。

如此畏老，如此竞言年轻，还更因大家远离了修行。人无修行，老了，也就老了，与草木同朽。人无修行，老了，不会更圆熟丰润；老了，不会更笃定安然。于是，逐日衰老，便只能逐日惶恐；而越惶恐，反又更为衰老。这样恶性循环，当然不堪；如此不堪，又焉能不惧？

这时代更多的人，只有老化，无有成熟。年轻一代，尤甚。许多年少者，初初才十来岁，精神上却骎骎然迈入衰年；成人世界喂食以计算机游戏、电子音乐、电视电影，炫目震耳，结果，五色令人目盲，五音令人耳聋，他们都还没发育完全，却早已对这个世界意态阑珊，毫无感兴。他们易倦怠，且百无聊赖，啥都提不起劲。才刚刚十几岁，却早已暮气沉沉，眼前年月，却仍迢迢漫漫，这真让人无话可说！

今人越老越怕、越怕越老，实在窘困；而年轻人未老先衰，更是可哀。但人之将老，本不必如此不堪，反而应该更具风华才是。看看孔子当年吧！那人早已耆耋，却仍意兴扬扬，“发愤忘食，乐以忘忧，不知老之将至”。要老，也该老得这么漂亮！

第九则
游于艺
——生命之优游与舒展

有心之士，不妨且先从从容容沏一壶茶，重新好好读个碑帖，看看水墨，听听中国音乐，再找时间观他个几出传统戏曲，想鼓掌，就鼓掌；真好看，便大声，喊个好！若此，生命优游其中，或许，就一如那茶叶般，缓缓地，就整个舒展开了。

子曰："志于道，据于德，依于仁，游于艺。"〔述而篇〕

徐复观是当代新儒学大家，望重士林，影响深远；但我曾在拙作《天地之始》中，对他有所批评。批评的重点是，像徐复观这般有识之士，颇能志于道，也能据于德，还念念不忘要依于仁；但独独这"游于艺"，却多有疏隔。

不管是道，或是德，还是仁，皆庄严之事。有此庄严，生命才有重量；无此重量，生命便轻如飞絮，漂似浮萍。虽说如此，宇宙有阴有阳，天地有开有阖，人生除了庄严神圣，也该另有余裕，可供呼吸吞吐。若无余裕以供吞吐，人生就僵化紧绷，难免要流于偏狭窄隘了。

中国文明的呼吸吞吐，一是放情自然山水，溶于大化；二是孔子此处强调的“游于艺”。这“游于艺”，因西风东渐，成了问题；因有问题，中国现代知识分子遂生命多紧，不易舒朗。“艺”，有东有西，原有其文化性；人们多说，“艺术无国界”，这原是西方帝国主义文化侵略之说词，乍听有理，其实不然，许多人却偏偏信以为真。艺术纵无国界，至少有文化之界线，界线分明，历然不爽。

西方之“艺”，与中国之“艺”，不仅外貌不同，根本处更多有扞隔。彼此虽偶可融通，但大半时候，若无细细拣择，硬要会通，结果都只是西方融掉了东方；最后，自家的传统，尽失主体，沦丧为西方思维的妆点摆饰，却不自知。这点，只要看看张艺谋那些“充满东方色彩”的作品，再看看台北新故宫三希堂茶座的摆设，便能明白。

中国百年衰颓，文化向来弱势，“艺”，尤其如此；西方之“艺”，遂凌驾中国传统，大行其道。于是，许多饱学之士，例如徐复观，即便对儒释道，对文史哲，多可熟稔，蔚然成家；但对传统之“艺”，却甚茫然。尽管他还曾经写过一册“中国艺术精神”。

譬如说音乐。音乐主情性，是民族之根本。因为西化，这根本却遗失得最厉害。今日人人皆知钢琴，但是，自家的古琴呢？那可是孔子弹了又弹、数千年未曾断绝的乐器呀！直至近代，管平湖、吴景略等琴家的造诣，也都还绝对称得上是大家！但那时年纪相仿的徐复观，对古琴这些发展，却全无闻问，还写出“现实我国作为‘告朔之饩羊’的七弦琴”这种状况外的话语，他完全昧于这种乐器近代的发展，竟以为古琴早已沦落至只能摆在“供桌”上。

提倡中国文化的徐复观，对古琴陌生，但他却曾说过，若听不懂贝多芬，就只该谦虚地反复听之，直至懂了为止。对西方谦虚，当然是好，但自家的中国音乐呢？像他这样以中华文化为己任者，对《潇湘水云》、《广陵散》等经典曲目，是不是更该听到沁入骨髓？但事实上，他对中国音乐，却是连入门都完全谈不上。

对自家音乐的陌生，也不只是徐复观；今天我们绝多之人，同样都熟悉贝多芬，都知道西方古典名曲有《英雄》、《命运》，但是，对自家的经典乐曲《月儿高》、《平沙落雁》，我们却多感生疏。西方从巴洛克到古典乐派再至浪漫主义的音乐转变，大家也都耳熟能详；但中国音乐古琴与琵琶互有颉颃的消长过程，或是昆曲与京剧花雅之争的递嬗历程，大家又熟悉多少？

面对西方，当然不必小气，尽可大方；但再怎么说，都仍该有本有末，有先有后。且东西“艺”事之歧异，更需有所拣择。西方之“艺”，要不，过度认真；要不，反动之后，又成了过度涣散；总之，离“游于艺”，着实甚远。西方贵族以前听古典音乐，穿燕尾服，正襟危坐，鼓掌不可鼓错，咳个嗽还遭白眼，这怎么优游自在？现代洋人听摇滚乐，嘶吼呐喊，摇臀晃乳，该如何从容涵泳？贝多芬的《命运》，那样结构紧严，充满了紧张、挣扎与冲突，认真听完，整个心，都揪成一团，全身为之一紧，又该如何“游于艺”？

今日西方当道，学者专家总将西方之“艺”，过度作胜义解，说得极其伟大。对外来文化谦逊，原是好事；但过度谦逊，反而丧失主体，最后竟不知自己为何物，自家生命就难免扭曲、难免紧绷。学者对西方艺术之推崇，是真是假，且由他吧！自家生命，还是自家先顾吧！有心之士，不妨且先从从容容沏一壶茶，重新好好读个碑帖，看看水墨，听听中国音乐，再找时间观他个几出传统戏曲，想鼓掌，就鼓掌；真好看，便大声，喊个好！若此，生命优游其中，或许，如那茶叶般，缓缓地，就整个舒展开了。

第十则
志于道，游于艺
——道艺一体

在中国传统里，百工技艺，虽不自觉，却从未脱离过这“道”字；他们是行焉而不察。打从年少拜师学艺起，未学“艺”，先学“道”。洒扫庭除、应对进退，先从为人处世做起；祭祀修禊，感知天地节气，是培养性情之开始。凡此，与“艺”似无关联；但认真说来，却大有干系。

子曰：“志于道，据于德，依于仁，游于艺。”〔述而篇〕

现代艺术家，受西方影响，竞言艺术伟大，喜欢强调“艺术神圣”。中国的传统，却是不然；中国文明里的“艺”，不多不少，不大不小；不该过卑，也不能过亢；说的是，“道艺一体”。

“志于道”，孔子说在前头，乃提纲挈领；“游于艺”，置于后头，系相辅相成。“道”“艺”并举，无可偏废。昔日宋儒，整天言“道”，对凡百诸“艺”，渐有荒疏；结果，生命慢慢闭锁僵化，渐失通达，与世人遂生隔阂；最后，所言之“道”，成了空头的自说自话，这问题就大了。

而至今日，恰恰相反；言“艺”诸人，尽管高谈阔论，却鲜有“道”之自觉。无此自觉，“艺”事便自成一物，于是产生了所谓专业艺术家。艺术家多半自视甚高，将艺术放得极大，人生缩得极小；对艺术极为虔敬，对世间之事却又过于轻慢。他们动辄高言“献身”艺术，为了艺术，生活可以无能；为了发挥情性到极致，可以不顾旁人观感；为了艺术，可以乖戾，可以狂妄。结果，涉入越深，越是难以自拔。所谓艺术家，常常是始于憧憬满怀，继而耽溺其中，终至以身相殉；有多少人，深受其累，甚至赔上一生，但自始至终，却都活在“艺术神圣”的自我欺瞒中？

“艺”能养人，也可误人；能让生命丰富饱满，也可使生命错乱荒失。其中关键，在于这“艺”里头，有没有个“道”字。在中国传统里，百工技艺，虽不自觉，却从未脱离过这“道”字；他们是行焉而不察。打从年少拜师学艺起，未学“艺”，先学“道”。洒扫庭除、应对进退，先从为人处世做起；祭祀修禊，感知天地节气，是培养性情之开始。凡此，与“艺”似无关联；但认真说来，却大有干系。因为，唯有性情平正，唯有质地深厚，作品才会够分量，方可玩味，才能有思。于是，我们遂能明白，今天专业艺术家竟日钻研，他们的技术，尽可高超；他们的作品，尽多巧思，但是，他们却很难做得出汉陶那般的素朴大气，也做不出宋瓷那样地温润如玉。因为，那牵涉到人的质地、人的情性，换言之，这牵涉到那个“道”字。

这个“道”字，百工技艺，是行焉而不察；但读书之人，却该时时自觉，不能或忘。有此自觉，中国“艺”的传统，便展现了迥异于今日的另一套价值体系。譬如说，就现代艺术的角度，宋徽宗绝对是个第一流的艺术家，其字其画，细致纤巧，美矣，尽美矣！但中国人向来不以之为贵；因为，他耽溺“艺”事，玩物丧志，于“道”有亏；其“艺”一旦与“道”脱钩，再美、再新、再夺人眼目，也不过就是奇淫技巧罢了！

又譬如，苏轼的“寒食帖”名震古今，而有宋一代，四大名家的苏、黄、米、蔡，东坡且位列其首；但你若径以“书法家”名之，东坡肯定是难以接受的。因为，对东坡而言，他最重要的身份是“士”；“士”志于道，志在天下。书法再好，甚至他的诗文又如何名传千古，对他而言，皆余事也。诗词书画，当然重要，但从来就不是最重要。同样地，“艺”再怎么要紧，也绝非最为要紧。孔子说“游于艺”，这“游”字，意味着，不可耽溺，也不能过度专注。这个警醒，还是有着“志于道”的最根本自觉。

昔日儒者，因过度轻忽“艺”事，以致民族的气运不畅；而今艺术家，又扭曲“艺”之本怀，过度夸张艺术之伟大，结果，不是玩物丧志，就是在人心荒失之际更推波助澜。古今二者，各执一端；执此两端，于人于己，终非幸事！孔子此处所标举的“道艺一体”，虽说已然两千余载，但对今日有心于“艺”事却饱受彷徨之苦者而言，恐怕还是有着极新鲜的当代意义吧！

第十一则

知者乐水，仁者乐山

——湛然似水，不动如山

中国文明一向以为，山河大地皆是法身。仁者乐山，观其巍巍，观其厚实，乐其不动如山；智者乐水，观其浩瀚，观其澄澈，乐其湛然似水。智者也好，仁者也罢，总之中国的士人，是在山水之间，修、息、藏、游；也在山水之中，溶于大化。

子曰："知者乐水，仁者乐山。知者动，仁者静。知者乐，仁者寿。"〔雍也篇〕

相较世界几个重要文明，中国人的宗教感特别淡薄；然而，中国文明对于自然山水，情感却是最为深厚，有时竟然近乎宗教。

远从孔子乐水乐山以来，中国读书人，素来向往优游林泉。得意之际，虽身处庙堂，但山林之念，却总未曾忘怀；失意之时，当然更是吟啸江湖，寄情于山水。无有真山真水，想法子也要在园子里造个假山假水；尽管城市喧嚣，但园子的主人，依然胸有丘壑，意在高山，意在流水。再不济，窗台几盆花花草草，厅堂摆个盆栽，书斋再挂幅山水画，也算聊胜于无了。

千百年来，中国人画山画水；山水画，一直是中国绘画之主流。迥异于此，西方向来强调人物之肖像，一直到十九世纪的巴比松画派，才出现了真正的风景画。即便是风景画，也仍与中国的山水画大异其趣。西方的风景画，如同美术课所教的写生，向来是特定之人，在特定时空，对特定景色进行定点透视绘制而成。那风景，是有距离的，是客观的，是外在的。山是山，水是水，与人无所谓关联不关联。

但是，中国山水画不然。山水画向来不定于一点，而系多点之透视；人称“台北故宫三宝”之一的李唐“万壑松风图”，据江兆申研究，甚至多达七个视点；更别说像黄公望“富春山居图”那样一路逶迤的山水长卷。山水画里，走到哪儿，看到哪儿，人只是俯仰天地，浪荡而游；故而画中人物，向来渺小，微不足道。山水画的传统里，画家与山水，主客相溶，本为一体；画家画的是山水，画的也是自己；画的是冈峦丘壑，画的更是生命气象。

智者“乐”水，仁者“乐”山，既然是“乐”，就不会与山水保持距离，不会只是客观观察，甚至也不只是审美对象。智者也好，仁者也罢，总之，中国的士人，他是看山也看水，是游山也玩水，是涤荡胸襟于山巅水湄，也修心炼气于窅冥山林。中国的士人，是在山水之间，修、息、藏、游；也在山水之中，溶于大化。张大千晚年的泼彩水墨，云奔雾腾之间，山水溶于天地，人也溶于大化，天地万物在这一片大气淋漓中，尽成一体，故而是，气象万千。

中国文明里，看人，看其气度；观山观水，则观其气象。山水佳胜处，固可以群，亦可以游，更可以观。仁者乐山，观其巍巍，观其厚实，乐其不动如山；智者乐水，观其浩瀚，观其澄澈，乐其湛然似水。老子云，“人法地，地法天，天法道，道法自然”，中国绘画讲求的“外师造化”与“中得心源”，在此，其实同一回事。是啊！巍巍乎高山！人生风涛多险，生命厚度若是不够，底气若是不足，每逢境界现前，都难免步伐踉跄，终至飘摇圮颓，狼藉一生。同样地，洋洋乎流水！生命的幽微无明，是如此之深，自身若不心系修行，若是无法日益澄澈，人生就是五浊恶世，苦海无边，那是业深难救呀！

现今美式资本主义社会，正是如此业深难救。他们看山看水，全是客观存在，毫无内在联系，不仅如此，他们还将之物化，成了单单只是资源。山林是资源，水也只是资源。山山水水，成了资本家的禁脔，成了物化社会一桩桩的商品。要不，房地产开发建案；要不，辟成观光风景区；要不，售以高级别墅；要不，卖你芬多精。

物化社会里，人对山水，无牵无系，无亲无记；在经济发展的大纛下，以促进生产、开发资源为名，横决肆虐，从此，山成穷山，水成恶水。在这残山剩水中，人如此斲毁山林，如此对山水无情，又焉能落得个好下场？于是，现代社会如此拂逆造化，人们如此远离山水，从此，人稍稍一动，就全身浮躁，片刻不得清宁；人但凡一静，就死寂枯槁，完全无聊难耐。动也不安，静更难安，全身上下，无有个自在，人只好借着电子音乐与毒品，来麻醉自己；也只好借着消费购物与大吃大喝，来获取刹那之满足；更只好借着八卦新闻与低级趣味，来打发无聊难耐的漫长岁月。

山水本来有情。中国文明一向以为，山河大地皆是法身。现代人成日叨念着“终身学习”，结果，都是一堆人为造作，常常是越学越不得清安。算了吧！先想办法恢复山林，让人回到山水之间吧！人在山水之间，重新学会修、息、藏、游，重新体得什么是“不动如山，湛然似水”；单此八字，早已胜过无数学者专家的千言万语了！

第十二则

回也不改其乐

——因为明白，所以悦乐自得

别人穷，不管是卑、还是亢，都是逗号，后头还有许多下文。而颜回的穷，是句号。同样是穷，别人因千思万虑而“不堪其忧”，他却一念不起而“不改其乐”。

子曰：“贤哉，回也！一箪食，一瓢饮，在陋巷，人不堪其忧，回也不改其乐。贤哉，回也！”〔雍也篇〕

昔日达摩东来，为寻个不受人惑之人。

达摩东至中土，何止千里？他不辞艰苦，迢迢万里而来，要找个真正自在安然之人，找个真正明白之人。

然而，真正明白，岂是容易？

都说颜回厉害，且他老师不厌其烦每次最高级地称许他，这正因为，他是个明白的人。

都说颜回穷，但是，世人多穷，不单颜回。世人之穷，各式各样：有人穷得蝇营狗苟，一身卑微；有人穷得怨天尤人，一身酸气；然而，有人却是“贫而无谄”，穷得刚正嶙峋，一身傲骨。前两者的穷，固不足为道；但后者穷得如此刚正嶙峋，虽说可佩，然此一身傲骨，却仍有过多不必要的自我防卫。

颜回不然。他穷，他只是穷。别人穷，不管是卑、还是亢，都是逗号，后头还有许多下文。而颜回的穷，是句号。他就只是穷。他“一箪食，一瓢饮，在陋巷”，后头，就是个句号。箪食瓢饮也好，居于陋巷也罢，他当下安然，没有不必要的下文。因此，他不会思前想后，不会焦虑彷徨，也不会怨怼愤懑，他，湛然似水。所以，同样是穷，别人因千思万虑而“不堪其忧”，他却一念不起而“不改其乐”。颜回穷，穷得明明白白，穷得一身清澈。

颜回乐，因为他明白。孔子也常以悦乐自得，意思就是，他亦复是个明白之人。和明白相反的，是无明。佛教对无明的观照，最有心得：多半人的一生，以无明始，以无明终，从头到尾，就不曾真正明白过。于是，人生如苦海，其苦无边无际，其忧没完没了。无明当然也会有乐，但这种无明之乐，方生方死，刹那生灭，短暂都如梦幻泡影；更麻烦的是，这种无明之乐，既不经久，又易生厌烦，像现代人夸大标榜的爱情；越想拥有，就越有不了；越想紧抓，就越抓不住。

我们的教育改革十几年，“快乐学习”呼声震天；结果东改西改，改得学生既不快乐又不学习，只见忧郁症患者急速年轻化，而痛苦指数迅速飙升中。究其实，是因教改的“快乐”，根本就是种种无明之乐。不追求还罢，若真铆起来追求，就只能像老鼠在滚圈中一般，狂奔疾走，耗竭而止。不信，你且看他们再继续“努力”改下去吧！越“努力”，只会看到越来越多心焦神灼、束手无策的教育者，也只会看到更多太阳光底下无新鲜事、完完全全百无聊赖一片茫然的年轻下一代。

无明？现在的大学，不正是个极大的无明吗？有谁搞明白过，为什么要那样永无止歇地量产论文？除了学位取得、个人升等、收入增加之外，再多学问上的理由、学术上的原因，再如何堂而皇之，说着说着，恐怕，多少都有些心虚吧！说到底，论文的量产，不过就是为了配合产业量产的狂奔竞逐。学院本来就只是生产链的一环，正因产业止也止不住地狂奔竞逐，学术论文才会停都停不了地恶性膨胀。

今日产业的狂奔竞逐，才是史上最大的无明。现今产业发展的漫无止境，除了穷奢极欲，除了灭绝生态，其实，早已没人明白它究竟所为何事？正因大家都不明白，于是，当匮乏已远离、营养早过剩，世人竟以减肥为时尚之际，我们却充满困惑，甚至连起困惑的能力也没有，更多只是淹没于忧郁中，两眼呆滞一脸茫然。这时，我们想起那个“一箪食，一瓢饮，在陋巷”的颜回，想起那个明明白白而“不改其乐”的颜回，不禁，感慨万千！

第十三则

以直报怨

——兼论死刑与体罚

民间教育小孩，从来是该打就打，该骂就骂："宠子不孝，宠猪爬灶"，该有的教训，但凡符合比例原则，但凡出于平常之心，不盛怒，无恶意，不落爱憎，总之对小孩就有益处。这便是，直道待人。

或曰："以德报怨，何如？"子曰："何以报德？以直报怨，以德报德。"〔宪问篇〕

这个时代，重读论语，特别容易觉得，孔子这人，实在健旺。

尤其是这一则。利落，清爽，不啰唆。

这则讲个"直"字，直道待人。以怨报怨，是一意报复，心有未平；以德报怨，则矫情太甚，心失其正。以直报怨，是万象历然，不落爱憎。

我乡下出身，许多年来，也一直长居乡下；始终觉得，不管市井商贩，或是农渔百工，总之民间百姓，多半比学者专家，更懂得直道待人。

这是因为，民间少有意念纠结，也无甚意识形态；凡事该怎么着，就怎么着，总是一份平常之心。因这平常之心，他们待人处世，总比读书人利落，清爽，不啰唆。

譬如教育，知识分子不管是否自觉，或多或少，都受了基督教伦理及自由主义影响，于是，便将废除死刑，上纲为道德良知之坚持；同时，也将死刑之存在，诋以各种落伍、野蛮等污名。又因他们有论述能力，且掌握了话语权，故台面上，每回争议，总一面倒地倾向于废死。知识分子，遂多以废死为时髦。然而，每次民意调查，结果却大不相侔；支持死刑的民众，总有高达七成以上。这个中反差，看似吊诡，知识分子也多半痛心疾首，以为是民智未开，尚待启蒙；但在我看来，恰恰相反，这只因为，迥异于知识分子，民间百姓浸润于自家传统，向来不用中文讲英吉利话，也不拿洛克以降启蒙思想家的“天赋人权”来吓唬自己。相较于知识分子，民间没有价值系统的纠缠不清，民间清爽、不啰唆，民间从来就是，直道待人。

又譬如，体罚问题。民间教育小孩，从来是该打就打，该骂就骂；“宠子不孝，宠猪爬灶”，该有的教训，但凡符合比例原则，但凡出于平常之心，不盛怒，无恶意，不落爱憎，总之对小孩就有益处。这便是，直道待人。我幼时，就这样受教于我母亲，也受教于学校里的老师。至今，如果我没有太多乖戾之气，如果待人还有那么一点宽厚，说到底，还是得力于他们的教益。打个几下手心，哪里就留下什么阴影了？果真如此纤细脆弱，那么，人生无数的大小挫折，都更足以令他阴影重重，但是，我们能够无限宠溺，能帮他排除生命的所有挫折吗？至于校园屡传之严重过失，但凡不是“以暴制暴”，但凡不是“以怨报怨”，只要秉持直道，平平正正，施之以罚责，兼说之以理，且动之以情，那么，“小惩而大戒”，校园的正气，可藉以维持于不坠，最终说来，学生也仍会受益的。

昔日，孔子由大司寇行摄相事，才刚上任，半点没有犹疑，立马就诛杀了乱鲁政的大夫少正卯；鲁国的空气，因而为之一新。而后执教，因学生年纪较长，用不太着体罚；但他的骂人，可是纪录遍在，难以胜数的。看孔子骂人，包括弟子对他的“吐槽”，其直截、利落、不扭捏、无纠结，都特有一种生命的健旺，更有着直道相待之气概。

时至今日，这健旺与气概，早已不复可见。多年来，知识分子借着长篇大论，不断“启蒙民众”；学者专家透过繁复术语，不断“宣扬理念”；顶着做人学历，他们以正义之姿，自居真理化身，垄断了所有论述。而一般民间，或慑于“学识”，自觉“理亏”；或稍感不对，却不知所以；纵知所以，也未必有那场域可说明白。反正，在台面上，永远是反死刑、反体罚；你即使再对，即使再多数，他们也不给空间说话。结果，上下乖离，彼此扞格。死刑、体罚等种种纠结，将社会搅得是非不明、正气不扬。于是，充斥着虚矫的浮论与高调，要不，“发挥爱心”，要不，“关怀取代责罚”；结果，以“爱心”、“关怀”为名，行宠溺、姑息之实；“以德报怨”的矫情，终究换来了猖狂与乖戾。

现今校园，阴晦之气日益充斥，老师烦闷，学生不快乐。之前，我曾在基层学校教过十多年，对于那种深沉的无力之感，格外能够体会。老实说，如果，我们仍然眩惑于那些站着说话不腰疼的专家学者；如果，我们还是摆脱不了那些意念的纠结；又如果，我们依旧无法重新学会直道待人；那么，这股阴晦之气，终有一天，将会铺天盖地；而再如何令人发指的校园霸凌，也都只是，才刚开始。

第十四则

有颜回者好学

——被曲解的颜回

当代动辄将颜回说成是“好学生”，说成是“乖乖牌”，不仅是对颜回最大的误解，更是对孔子最大的侮辱。我们都知道，真正有能耐的老师，定然要有程度相当的学生，与之对应，与之相印；这对应与相印，或静或动，或语或默，里头处处要勘验，也处处有着锋芒。

哀公问：“弟子孰为好学？”孔子对曰：“有颜回者好学，不迁怒，不贰过。不幸短命死矣，今也则亡，未闻好学者也。”〔雍也篇〕

颜回的好学，只有他老师孔子可以相提并论。在同侪中，他不是比较级，而是最高级。

的确，颜回独一无二，是孔门第一人。然而，在当代社会里，颜回在孔门高弟中，所受的曲解，也是第一人，独一无二。

年初，电影《孔子》烜赫上映，没多久，旋即踉跄下片。一片恶评，我则很晚才看了这部电影。大概因为先有了抗体，所以，真看了，倒不觉得太失望。个人的感觉是，胡玫有诚意，想把电影拍好；她且真有才情，几个片断，我都看得忽忽入神。平心而论，这部电影的未竟其功，除了胡玫本身的局限，更根本的原因，是源于大陆对孔子数十年之荒疏。因这荒疏，整部电影，想象遂远多于体会，既是缺乏体会的想象，在内行人眼里，就觉得不知所云；在一般人的情感，也难起真正的共鸣。但是，数十年之荒疏，真要在旦夕间彻底补足，以孔子之大之真，其实，谈何容易？若真换成其他编导，恐怕也会力有未逮吧！

然而，整部电影，掌握最不到位的，却非孔子，而是颜回。我们这个时代，与颜回这种人，离得最远；对这种人格，最为陌生；真要如实体会，也最为困难。因为无法体会，电影里头的颜回，遂落得一个样板形象，这形象，一言以蔽之，乖乖牌；乖到毫无个性，乖到面目模糊。若非落水救简那幕，实在拍得过于无厘头，实在离谱到令人啼笑皆非，也荒腔走板到令人过于印象深刻之外，看完电影，恐怕许多人都要纳闷，谁是颜回？

同样地，电影《孔子》之后的这个春天，坊间一册小说出版，是以子贡角度谈孔子，销路不恶。那回，我在书店翻阅，才几页，不禁叹息——怎么了？又是“好学生”，又是“乖乖牌”，这么渲染，这么陈腔滥调，还不只是曲解了颜回，你难道就不怕辱没了孔子？！

事实上，当代动辄将颜回说成是“好学生”，说成是“乖乖牌”，不仅是对颜回最大的误解，更是对孔子最大的侮辱。我们都知道，真正有能耐的老师，定然要有程度相当的学生，与之对应，与之相印；这对应与相印，或静或动，或语或默，里头处处要勘验，也处处有着锋芒。

只有第三流的老师，才会把“好学生”捧在手心；也只有第三流的老师，才会将“乖乖牌”视若珍宝。

我们求学的过程中，身旁从来不乏这样的“好学生”，也从来没少过这样的“乖乖牌”。他们在老师面前，毫无个性，唯唯诺诺，向来就只是唯命是从。老师说得对，他们听；老师说得不对，他们也还是听。他们凡事认真以赴，他们服从性极高，他们永远“政治正确”。他们看似尊师重道，实则不然；他们只是惯于匍匐在权力者之前。他们身上，没有反骨。

孔子最讨厌这种人，直斥之为“乡愿”！孔子清楚，“乡愿”之人，与佞幸之徒，只是一线之隔。他一生所遇，尽多达官显贵，而这种侥幸迎合之辈，难道还算少吗？他几番踌躇，与这班佞幸之徒，是否可以好好相处，但终究不能呀！再怎么样，也仍是落落寡合呀！若真合得来，又何苦要周游列国呢？

既然，孔子如此厌恶“乡愿”之人，他又怎么可能看重一个完全没个性的“乖乖牌”学生呢？孔子不仅动辄许以最高级的赞辞，且在颜回死后，他老人家竟还哭到严重失态！如此看来，除非是孔子昏聩眼花，否则，就是我们把颜回给读错了！

第十五则

君子不器

——专业之外，专业之上

君子之所以不器，士之所以不在细琐处打转，正是要如此万缘放下，摒除一切不相干者，才可直探本源。一如剑客的一击必杀、直取咽喉，士也要时刻锻炼这根本能耐，方能骊龙颔下直探明珠。有此身手，士才能在众声喧哗之中，静定安然；也才能在举世滔滔之际，自在了然。

用现代标准来衡量，孔子实在称不上是个有爱心、有耐心的“好”老师。

孔子曾说过：“自行束修以上，吾未尝无诲焉。”话虽如此，他的“诲”，可是万千法门，花样百出。你若执于一端，用现代人那种样板的想法，指望孔子的“诲”，必定是认认真真、有问有答，必定是不厌其烦、条分缕析，恐怕，你还是该趁早另投师门吧！孔子肯定会让你失望的。

譬如那回，忠厚的樊迟，毕恭毕敬请教了农稼之事，孔子一听，全然不当回事，只冷冷地答道：“吾不如老农。”这樊迟，实在老实，偏不死心，遂又请以园圃之事，结果，铁板依然一块，孔子还是，冷冷答道：“吾不如老圃。”

在学生面前，老师多半都乐于无所不知。懂得的，自然会详说明述；不懂的，也极不轻易便说自己不懂。但孔子偏不。明明就懂，却又不说。这样的态度，看似教学热诚不足，其实，他是“别有用心”。孔子乍听樊迟之问，当下泼了冷水，不理不睬，这正及时止住了模糊焦点，免得樊迟继续彷徨歧途。孔子清楚，唯有截断不相干者，才能直探核心。这直探核心之能耐，才是师之所以为师的关键点。

这“爱心不足”的孔子对樊迟的冷处理，说穿了，是樊迟的问题，与他这个老师，毫不相应嘛！诚然，孔子多能鄙事，农稼园圃也难不倒他，但来到仲尼门下，这么认真地问起农圃之事，那毕竟还是搞笑！

弟子三千，孔子从来无意培养成三千个专精的技术人才，也不想培育出三千个杰出的专家学者，甚至，他也无心造就三千个各行各业的所谓菁英分子。若真要问孔子心里期待的，那应该是，三千个君子、三千个士吧！

孔子言道，“君子不器”。君子，或者说，士，可以有专业，但不执于专业；可以有种种才能，但不执于这各种才能。士，不能只安于营生，而忘掉根本要务；不能过度钻研细节，却往而不返，以致于疏忽俯仰天地之宏观。换言之，不管是大“器”，或是美“器”，士都不能只是个“器”，不能为“器”所执。凡有所执，就会斤斤于末节细行，就无法直探核心。

中国文明，数千年来，言必称“道”。这“道”，是那个“根本”，是孔子所要直探的那个“核心”。舍此“核心”，对士而言，越专注其他事务，都越可能是不务正业。孔子说，“士志于道”，这是士的最根本自觉；无此自觉，不足以言士。

君子之所以不器，士之所以不在细琐处打转，正是要如此万缘放下，摒除一切不相干者，才可直探本源。一如剑客的一击必杀、直取咽喉，士也要时刻锻炼这根本能耐，方能骊龙颔下直探明珠。有此身手，士才能在众声喧哗之中，静定安然；也才能在举世滔滔之际，自在了然。时潮也好，变局也罢，士的心中，自有一方清平世界。有此清平世界，士才可能安己、安人、安天下！

今受西方影响，专业主义盛行：读书之人，多半孜孜于所谓专业研究。在光鲜亮丽的忙碌外表下，其实，他们越有专业成就，每每越受彷徨无助之苦：之于世局，满是无奈；面对自身，无可安顿。他们努力求索，他们认真思考，但终究解不开那心头的烦闷，更厘不清那烦闷的根源。这都只因，他们和那清平世界，是离得远了！两千多年前那个不太有“爱心”的孔子，曾泼了樊迟一场冷水，也说了精简如偈语的“君子不器”。虽说，这只是寥寥四字，但有心之人，若能从中玩味，甚而有个豁脱，那也胜过千言万语了！

第十六则

愿无伐善，无施劳

——圣凡两忘，善恶俱遣

再伟大的事儿，再了不起的功绩，做了，也就做了；过了，也就该让它过了。好花自开，好花也该自谢；风一吹，云便该散。如若不然，好事会成坏事，善人也会成恶人。因为，他被"好"所拘，他为"善"所执。从古至今，凡执于善，最不可解。

颜渊、季路侍。子曰："盍各言尔志？"子路曰："愿车马、衣轻裘与朋友共，蔽之而无憾。"颜渊曰："愿无伐善，无施劳。"子路曰："愿闻子之志。"子曰："老者安之，朋友信之，少者怀之。"〔公冶长篇〕

孔颜师徒默契好，两人不时唱双簧。

那一回，孔子在匡地蒙难，慌乱中，颜回失散许久，而后，总算匆匆赶上。原本焦急的孔子，顿时松了口气，好开心，戏谑地对颜回言道："唉呀，我还以为你死了呢！"满眼都是笑意。颜回向来话少，只不急，也不徐，淡淡地笑着，说道：“老师您还在，我哪敢先死呢？”

看官，别忘了，这是匡地之围，他们都还命悬一线呢！别看他们平日模样，尽似温良恭俭让；但到了这节骨眼，生死交关，他们师徒竟还一搭一唱，有说有笑。呵！好兴致！

但是，说来可惜，淡定的颜氏之子，那回说的“子在，回何敢死？”后来，并没有真正兑现。没等他老师，早了孔子几年，颜回便先已离世了。颜回去世，孔子恸哭；许久之后，仍不时怅然；人前人后，四处举扬颜回，唯恐大家把他忘了似的。而后，鲁哀公问道：“弟子孰为好学？”孔子回答，现今的学生，没人称得上好学，只有那已然去世的颜回，是真的好学，理由是，只有颜回做得到，“不迁怒，不贰过”。

“不迁怒，不贰过”，这两句，好眼熟。可不是？

孔子分明还记得，许久之前，其实是个寻常日子，但因师徒仨的言语风光，就有着光阴徘徊。他们师徒仨言志，颜回一如平日之淡定，言道，愿“无伐善，无施劳”，觉得自己还做不到，但有着这番期许；话说得保留，说得谦逊，是个祈使句。孔子听了，心里欢喜，但没说什么；然而，这六个字，字字到耳，他，记住了。于是，许久之后，哀公问弟子孰人“好学”，孔子心念一闪，那次颜回言志的六个字，可真是好呀！今我评他，好吧！“不迁怒，不贰过”，正也六个字！只不过，不同于颜回自期的祈使句，这回，孔子称许颜回的，是个肯定句，结结实实，最高级的肯定句。

事实上，不管是“无伐善，无施劳”，或是“不迁怒，不贰过”，都谈何容易？无论你我，恐怕都远远不及于此。他们师徒，这十二字，圣凡两忘，善恶俱遣，那是何等的人生境地！后世许多儒者，最不同于他们师徒，恐怕也正在这十二个字。后儒对于“圣”，老是念念不忘；对于“善”，总紧紧死抓；满脑子，尽是伟大的事儿。结果，伟大塞满了他们，道德塞满了他们；于是，他们的脸，永远紧绷；于是，他们酸腐；又于是，他们建构的礼教，会杀人。到头来，这些“善良”的“好人”，这些“正直”的“君子”，却往往害事最多，误人最深。君不见，北宋党争，何其炽烈？而这祸国殃民的倾轧双方，不尽多都是“正人君子”吗？

孔颜不然。“无伐善，无施劳”，颜回之所以那么在意，正因为他明白，再伟大的事儿，再了不起的功绩，做了，也就做了；过了，也就该让它过了。好花自开，好花也该自谢；风一吹，云便该散。如若不然，好事会成坏事，善人也会成恶人。因为，他被“好”所拘，他为“善”所执。从古至今，凡执于善，最不可解。

善不可执，那么，恶还执它作甚？偏偏，一般人不仅会执，还与生俱“执”；那顽强的执着，常常是至死不悛。于是，我们才有怒气，便会迁怒，成日被那怒气拖着跑，从早到晚，没完没了。同时，我们犯错，总也收煞不住；多半错了后悔，悔了又错；被那惯性折腾得憔悴不堪，终究难改。所以，我们总觉得，既忧且苦，人生何欢？

但可怪的是，那“一箪食，一瓢饮，在陋巷”的颜回，我们不堪其忧，他却不改其乐。《论语》里头，孔子除了“好学”，最爱标榜一个“乐”字，颜回正是这么一径地乐着。看看孔子与颜回唱的这双簧，“无伐善，无施劳”、“不迁怒，不贰过”，我们才知道，圣凡两忘，善恶俱遣，这人会有多厉害！又如果这人什么都执不了，那么，一般人的烦恼无尽、苦海无边，还会束缚得了他吗？

第十七则

巧言令色

——资本主义的阳光、空气、水

今日但凡选举，哪个政客能不“巧言令色”？只要是选举，政客不管喜不喜欢、愿不愿意，他就得迎合选民，就得避重就轻，就得说话中听，否则，你找个“刚毅木讷”的人来选看看！政客的存心讨好、刻意取信，和商品广告的用心，其实如出一辙。资本主义越是深化，参选的政客就越像个商品，比的不是人格，而是人气。人气的关键是动员，是造势，是营销。

子曰：“巧言令色，鲜矣仁！”〔学而篇〕

孔子讨厌别人“巧言令色”，自身却是辩才无碍，怡怡和悦。这，有无矛盾？

通篇《论语》，这看似的矛盾，其实难以胜数。正因如此，我们才能体会，那群孔门高弟，为何不时总要质疑他们的老师？

这种种质疑，可真是好。一则证明，孔子果然有气象，因为气象浩淼，故而有时云蒸雾腾，片刻间，弟子未必全能见清辨明，故应有惑。二则也说明，孔子这群学生龙骧麟振，志气高远，并非一般。他们勇于质疑，完全不似后世儒者。后儒只知奉孔子为圣人，只会匍伏于圣人名下。但凡孔子所言，尽皆理所当然；但凡孔子所为，全属天经地义。对于孔子，只可尊崇，不容质疑。这群儒者，没有反骨。

孔子不然。他是该尊便尊，该反便反。虽然藏得深，不轻易见，但其实，孔子多有反骨。君不见，孔子对诸侯，虽属君臣，更似宾主；许则许，不许则不许，不时还多有批评。其君臣之道，更多是江湖道义，该尽心就尽心，该走人就走人，不合，拉倒，也不必太拖泥带水。他又一身的不合时宜，那是对当时时潮，多有反意；因此，游走列国十余年，只落得栖栖遑遑。又如他对待时人，尽管怡怡和悦，多有喜爱，但较真起来，批评之严厉，可未必多么客气。于是，对于貌似圆融、不知反为何物的乡愿之徒，他向来憎恶，所以，孔子当然讨厌那种八面玲珑的“巧言令色”。

“巧言”向来好听，否则就不成其为“巧”；“令色”必然好看，不然也难成其为“令”。“巧言令色”，世人多爱。真要分辨其中虚实，也并不难。但许多人还是宁可明知故犯，忍不住就是要爱。因为，它沁人心脾，娱人耳目，岂是容易就抗拒得了？因此，我们才会看到，史上多少君主，尽管古有明鉴，也屡受劝谏，却仍重用逢迎奉承之佞人。这些君主，有时甚至都明知其伪，亦知其恶，心中明明白白，却仍宠之爱之，至死不悛。何以然？佞人可爱，说话中听呀！

这像我们身处的现代社会。资本主义为了不断刺激消费，商品的营销广告，铺天盖地。哪里有人，哪里就有商机；蹑踪而至的，便是营销广告。营销所在，广告所及，哪处不是沁人心脾娱人耳目的“巧言令色”？资本主义要你掏钱消费，本就无所不用其极；成功的商品营销，必善用各种人性弱点，必迎合各种人性需求，将所有的“巧言令色”，发挥到极致。他们能将“巧言令色”耍得精妙无比、耍到完全就在点上，分毫不差！

“巧言令色”，是资本主义的阳光、空气、水。

资本主义的权力逻辑，则是我们今日自诩的民主政治。现今民主，源于资本主义的发展，两者共生，故体质相侔。资本主义越是深化，参选的政客就越像个商品，比的不是人格，而是人气。人气的关键是动员，是造势，是营销。

资本主义为了刺激消费，不断极“巧言令色”之能事，推陈出新。于是，商品汰换，日益频仍；货物寿命，日渐减短。同样地，全球的民主政府，以“改变”为名，行喜新厌旧之实，政党轮替频繁，政客的“赏味期”也随之缩短。“创新”，是消费社会的新宗教；以“创新”为名，所有的人事物，都成了消耗商品，一件件，寿命日短。

这个“巧言令色”堆砌的物化时代，我们都明知其伪，亦知其恶，然而，我们已越来越难抗拒得了。于是，随着资本主义一步步深化，人原有的真心与实感也将一步步阻绝殆尽；一旦，人没了真心，没了实感，就无怪乎躁郁症会蔓延成遏也遏不住的绝症。而当这“巧言令色”堆砌的物化社会，人对于物，已毫无情意；连弃之，都已丝毫不可惜，这时，物种便日益灭绝，地球将如商品、也如政客一般，寿命速减。以往的“巧言令色”，会导致一个朝代的覆亡；而今日的“巧言令色”，则是整个文明的灭绝。这时，我们再重新看到孔子谈“巧言令色”，就会明白，那绝对不仅只是个道德教条。

第十八则

论笃色庄

——诚恳的背后

孔子当然见多了这种雄于议论的“高手”，也清楚个中之虚虚实实，因此，他提醒弟子，也提醒我们：听其言，还得观其行呀！语言文字，多有迷障。听完议论，别急着轻信；再怎么有理，也别急着佩服；又如何恳切，更别急着感动。且先看人吧！

子曰：“论笃是与，君子者乎？色庄者乎？”〔先进篇〕

遇到论证清晰，随时侃侃而谈之人，你会不会心生佩服？见到神情严肃，动辄慷慨激昂之人，你会不会被打动？

会，我会的。年轻时，不仅佩服，有时，还会撼动到难以自已。

从这则论语看来，孔子可能也被“打动”过；换言之，孔子可能也曾被“蒙”过，曾吃过这种“论笃”之人的亏。

粗粗分来，“蒙”有两种。头一种，世俗的拐骗云云，这种“蒙”，因我自幼心思笨拙，想头不多，又穷惯了，没啥可骗，所以受欺被瞒之事，并不常遇。这种亏，吃得少。

第二种“蒙”，是学问的、理论的，甚至是“人格感召”的。孔子此处所言，近乎此。这种亏，我不仅吃过，还吃过大亏。

年轻时，我虽爱荣华富贵，但也不大羡慕；虽知权势有时慑人，对之却也不甚畏惧。但是，对于有学问者，向来羡慕；对学术权威，素来敬畏；见到一腔热血、满怀理想之人，更是由衷感佩。于是，我总慑伏于种种严密理论，总慑惴于严格思想训练，更五内沸然于各式各样悲愤激昂的慷慨陈辞！

结果，有段很长的时间，我身心皆不自在，简直无处安顿！向来读书，做学问，本图个解惑，图个安身。然而，当理论接触日深，却是越感烦躁；学术涉猎日广，却是更添惶惑；越多的慷慨激昂，也就越不得清安，就越全身紧绷。

烦躁至极，紧绷到底，但觉全身不对劲，却不知不对在哪？于是，竟日忧思，彷徨难解。我极目四望，却望不着何处安身？眼前无路，想回头。我这般作茧自缚，能解得了吗？不管了，撒手远走，走到僻远的乡野。此地荒僻，但有山水明秀，但有禾稻脉脉，我待了整整一十七年，虽说一事无成，却总算抖落了一些些无谓的纠结。而今，再重读《论语》这一则，不禁感慨！

世俗之“蒙”，易知易觉；只要不忮不求，脑袋清楚，多半能免。然理论学问之误人，严正“论笃”之“蒙”人，却是极难辨清。且不论历代多少读书人的议论纷纷，多半落得自误误人；就说百年来无数的“有识之士”，献身各种主义，宣扬各家理论，他们好学深思、雄辩滔滔，他们真挚诚恳、忧国忧民，但是，结果呢？惨遭灭顶者有之，郁悒自裁者有之，抱憾终身忿忿不平者更多有之。何以致此？自“蒙”“蒙”人罢了！

孔子当然见多了这种雄于议论的“高手”，也清楚个中之虚虚实实，因此，他提醒弟子，也提醒我们：听其言，还得观其行呀！语言文字，多有迷障。听完议论，别急着轻信；再怎么有理，也别急着佩服；又如何恳切，更别急着感动。且先看人吧！人比文章大，人比议论真。人的质地，才是一切的根本。听完议论，还得细看，他到底是外表严肃的“色庄”之人，抑或是地道的君子？事实上，“色庄”者认真而执着，初初乍看，颇似君子；但二者之间，似而不是，仍可区别。关键点，是孔子说的，“君子坦荡荡！”君子清朗，没那么多纠结，也无须那么多的慷慨激昂！

眼下许多饱学之士，娴熟理论，博引群书，行文笔力万钧，论事犀利激切，轻易就可让人慑服。其中虽不乏君子人也，但是，更多的是眉头深锁，抑郁纠结，极难与“坦荡荡”连结在一起。我因吃过大亏，吃了一堑，长了一智，总算明白这其中的虚相：做学问者，如果连自身都不得清安，他的学问，如何使别人清安？又如何使天下清安？那么，再如何的国家社会，再如何的慷慨激昂，都可能只是“色庄”之人自以为严肃的一场戏论罢了！

第十九则

巽与之言

——以玩笑之姿，谈紧要之事

论语里头，“巽言”多有，随之处处风光。“巽言”是以假作真，以虚作实；用假话来说更大的真实，以玩笑之姿来谈更紧要之事。论语比孟子有趣，就在于孔子的言语，有此风光，他既说反话，又笑语吟吟。

子曰：“法语之言，能无从乎？改之为贵！巽与之言，能无说乎？绎之为贵！说而不绎，从而不改，吾未如之何也已矣！”〔子罕篇〕

孔子常听人说话，不仅爱听，且很会听。

真到相当档次的老师，因为能量强、够通透，一说起话，信手拈来，左右逢源，总可以滔滔不绝讲个没停。弟子才一提问，老师就认真尽责地忙着开示，长篇大论，好不洋洋洒洒。然而，如此宏论，虽说精采，却仍少了些有趣。譬如我们读孟子。

孔子不然。我们读论语，看他总在评论别人，话不多，三言两语，就只说在点上。别人礼尚往来，对他也多有议论；有誉有谤，有许有不许。孔子听了，时而开心，时而诧异；时而点头称是，时而笑着摇摇头；有时听了怃然，有时听罢没完，想找对方也谈一谈。

又像他尽管谦和，学生对他也敬爱有加，但他们师徒间真正你来我往之时，却也没太多客套。既有揶揄，又有调笑；有批评，有辩驳；有高分贝的质疑，也有好激动的攻击与防卫。孔门师徒，不仅形貌鲜明，且每回读到孔子被“吐嘈”，我们都好开心。更要紧的是，孔子在他那层级的高手中，有极特殊的一点——他老爱鼓励学生高谈阔论，内容不拘，“盍各言尔志”？来吧，说吧，但说无妨，老夫爱听呢！

孔子爱听，也很会听，他善于听出言语间的真假虚实与个中滋味。他自道，“六十而耳顺”，这点，他挺自负；但是，也的确在行。孔子行走江湖，眼观四路，耳听八方；他憎恶“巧言令色”，不喜“论笃色庄”。因为，“令色”也好，“色庄”也罢，皆非本色；而不论“巧言”，或是“论笃”，亦非信实之言。孔子栖遑一生，耿耿何事？也不过就是盼个人有本色、言有信实罢了！

这信实之言，在孔子听来，大略两种，一是“法语之言”，正着讲；二是“巽与之言”，反着说。一正一反，一实一虚，合则两美，离则两伤。后儒只知“法言”，不识“巽言”，故而迂腐可厌。

“法言”严正平实，字字铿然有响，句句理之当然。但凡所言，皆天经地义；但凡所论，皆“能无从乎”有了“法言”，天地可正位，人世有安稳。虽说如此，“法言”滋弊，却也最深。君不见，满嘴“法言”、一脸正经者，每每就是毫无情性、更经常便是伪善之人。此外，“法言”之弊，更可见诸“色庄论笃”之徒。“色庄论笃”者，不论卫道之士，抑或自诩正义之人，向来论事激昂，神情慷慨，尽管外表看似严正，实则不平之心太多太甚，最后，沦为一身戾气，却不自知。这等乖戾之人，向来自伤也伤人，而引为刀刃的，正是这些字句铿然的“法言”。历来最酷烈的杀戮迫害、党同伐异，哪次不是奉着最严正的“法言”？“法言”本来最真，一经异化，反成最伪。

“巽言”不然。“巽言”是以假作真，以虚作实；用假话来说更大的真实，以玩笑之姿来谈更紧要之事。《论语》比《孟子》有趣，就在于孔子的言语，有此风光，他既说反话，又笑语吟吟。

“巽言”，一可防“法言”之虚矫，二可济“法言”之未及。向来论事，挑明了直接讲，往往无力，有时，甚且误事。于是，换个角度，拐个弯，反着讲，虽说力道内蕴，一时之间隐而未显，然一旦醒豁，反更沁人心脾。

当然，“巽言”亦有其弊。首先，这玩笑之姿，稍不拿捏，就流于放诞不经；言语一涉轻浮虚夸，很容易就“以紫乱朱”。再者，言语和悦，若是心存讨好，极轻易，便又转成了令色之“巧言”。眼下许多自认风趣幽默之人，若看不到他内在有何严正之处，就很容易在此自误误人。

若能辨明真伪虚实，那么，“巽言”最大的问题，恐怕还是孔子这里所说的：如果遇着了不知寻思、不懂玩味之人，那还有辙没辙呢？对牛弹琴，可是半点办法都没。这就好比，《论语》里头，“巽言”多有，随之处处风光，但后世儒者学了半天，孔子明明那么有趣，他们却还是那么无趣！你说，谁有辙呢？

第二十则

法语之言

——霍霍新亮，砉然有响

至于民间，看似驳杂，实多礼义；人情义理，从来就只是生活之寻常；乡下祭祀，四时不辍，传统的敬天畏人，也未曾稍断；闾阎之间，做人更得多有讲究，总唯恐落人一个口实，人“言”可畏哪！这人“言”之可畏，固然可能是说三道四的流言殃及了无辜，但更多是“法言”的威力让人世有了更深邃的安稳与信实。

这个时代，我们需不需要“法语之言”？

“法言”容易成为道德教条，容易成为陈腔滥调，也容易以理杀人。尽管如此，一个时代，却不能没有“法言”。若无严正之“法言”，若无一种安稳信实，那么，这时代会倒塌。一个时代，如果综艺节目的轻薄搞笑，已成为语言的时尚；如果政论节目的浮夸虚矫，已成了语言的主流，那么，人将轻如飞絮，漂似浮萍。搞笑轻薄久了，将发现自己不知为何，心里空空的，渐渐笑不起来了；浮夸虚矫久了，也会开始感觉不对劲，旁边的人好像越来越陌生，越来越不真实，甚至都有点搞不清楚自己是谁了。一个不知“法言”为何物的时代，忧郁症，蔓延着；虚无主义，笼罩着。

来说孔子吧！他是个离忧郁、虚无，都极远极远的汉子。说汉子，是因为，我不觉得他真像后儒及政治权威所说的那么伟大，但是，我佩服他。认真说来，孔子是个连志向都谈不上伟大的人；相较于佛陀誓愿的无边无尽，耶稣另建天国的凝望远眺，孔子之志向，实在淡泊，实在卑之无甚高论。孔子言志，“老者安之，朋友信之，少者怀之”，半点都不伟大，他期盼的，不过就是岁月静好，一个安稳信实的人世罢了！

这难吗？其实不难！孔子憧憬的礼乐治世，已然杳淼，就且不说；但即便是明、清后世，在京戏里、在小说里，我们仍然清晰可见，确实有着这么一个安稳信实的悠悠人世。也不提古代，就说我年轻时，乡下古风犹存，虽说不尽全然，但总仍有七八分的信实安稳。彼时，脱离了贫穷，但还不算富裕，双薪家庭尚少，忙迫终日无暇家顾的父母也不多，托儿所还不怎么普遍，老人赡养院更是寥寥。然而，当时鲜少有独居老人，虐童之事也罕有所闻。今昔对照，当时的老人，比现今有尊严；当时的小孩，比现在有童年。而当时生活的安稳感，也恐非焦灼彷徨的今日所能相比；至于朋友之间，当时普遍的信实之风，更令今日有心之人多有感慨。

当时，还有“法言”。学校里人伦之教，虽多迂执，但仍深烙人心：“教孝月”等活动，纵然多流于形式，也还是给了不少年长一辈直至今日做人的一份底气。至于民间，看似驳杂，实多礼义；乡下人的祭祀，四时不辍，仍保有传统的敬天畏人；宗族邻里间，做人更得多有讲究，总唯恐落人一个口实，人“言”可畏哪！这人“言”之可畏，固然可能是说三道四的流言殃及了无辜，但更可能是“法言”的威力让人世有更深邃的安稳与信实。

而今天的“法言”呢？校园里，集会倡导，都说些什么？“反毒”、“防艾滋”、“防性侵”。制法越多，规定越细，学校倡导就日益频繁。于是，现今学校，“反”个不停，“防”个没完。结果呢？

正因如此，在这忧郁蔓延、虚无笼罩的时代里，看似杳渺的孔子，却可与我们最亲，与我们最近。我们回头再看那汉子，再读那清朗严正的孔子，或许，他的胸无大志，他的卑之无甚高论，他淡泊的“法语之言”，会让我们对于一个信实安稳的人世，不仅仅只是对过往的缅怀，那更可以是，我们对未来的一份期待。

第二十一则

乘桴浮于海

——会动摇的孔子

孔子从来是，信了又疑，疑了又信。即便到了晚年，他已更明晰、也更自信，但仍非铁板一块那般坚定不移的信念。都六十好几了，那回困于陈蔡，他还问道："吾道非耶？吾何为于此？"问了弟子，也问问自己。这样的不确定，才是孔子之所以为孔子。

子欲居九夷。或曰："陋，如之何？"子曰："君子居之，何陋之有！"〔子罕篇〕

有一回，孔子说要乘桴浮于海；而这回，孔子则说，欲居九夷。前后两回，算是法言，还是巽言？孔子说真的，还是说假的？

乘桴浮于海那次，才一提起，孔子便说要带子路为从；子路听闻，自己俨然贴身带刀侍卫，光彩得很，于是，心花一片怒放，好得意。后来，孔子当然没有成行，自然也没带子路为从。但瞅着子路，孔子心头微微一动，是啊，这么多年了，子路的性急冲动，似乎也只稍改，但他直肠子的满腔热诚，却是与日俱增；难为他偌大年纪了，还是这么一片赤子之心。孔子自忖，他一念耿耿、终未忘怀的道业，究竟能否行得，其实自己心里有数。行得，固是天幸；行不得，也是天意，奈何不了的。道真不行，他瞅瞅身旁，有子路这样的弟子，或许，也够了！

异于世俗之想，孔子实非那种一条路冲到底，完全勇往直前、义无反顾之人。诚然，他意志力强大，他信念坚定，但，这是淬炼、是培养、是生长出来的，绝非本然如此，与生俱来。他自称非“生而知之者”，这是真话。后儒高推圣境，一心想把孔子讲成“生而知之”，好像天生下来就是个圣人，从不动摇，从未踟蹰。这其实是扭曲了孔了，更是辱没了孔子。

孔子从来是，信了又疑，疑了又信。即便到了晚年，他已更明晰，也更自信，但仍非铁板一块那般坚定不移的信念。都六十好几了，那回困于陈蔡，他还问道：“吾道非耶？吾何为于此？”问了弟子，也问问自己。这样的不确定，才是孔子之所以为孔子；这样的不确定，也才是孔子之与我们都亲。孔子的信，是在一次次的怀疑中生出来的，是朱天文说的：“与其是金刚不坏之身的信，宁愿信心像玉，也要养，也会碎。”

孔子一次次的不确定，锻炼了他异于寻常的笃定安然。而每回升起的大疑，也成就了他人世之大信。正因不断有疑，故而其信，不会是自欺欺人，也不可能廉价盲目。于是，孔子周游列国，遍历险厄，几次都命悬一线，差点绝望了，真的要丧气了，累累如丧家之狗的他，脱口而出，说要乘桴浮于海，说欲居九夷。这些话，当时弟子听得半信半疑；这些话，两千多年后我们再来看，那当然是假；但，那当然也是真。

这种话，孔子信口说说，从来就不兑现的，这当然是假。至于说，孔子要带子路为从，他们师生的情深意笃，这绝对是真；而孔子自言“君子居之，何陋之有”。这种信心，自然也不假。更紧要的，曾经几回，学生质疑他，孔子似乎也动摇了，还似真似假说了些带点负气的话。但是，话才说完，没多久，孔子又好了，又元气满满了，甚至，还比以前更坚定、更明亮，面对眼前的种种不确定，他又更笃定安然。

这才是最大的真。

第二十二则

古之学者为己

——学问的原点

儒释道三家，不单孔子，谈的全是“为己之学”。“学”之焦点，都在一己修行；凡大学问者，也必是大修行者。学问与一己修行，一而二，二而一，两者一体，不可稍离，此之谓“为己之学”。

子曰：“古之学者为己；今之学者为人。”〔宪问篇〕

孔子批评他当代学人，为学偏离主题，不识大体，说道：“古之学者为己；今之学者为人。”顺着孔子这话，我们不妨也来问问，二十一世纪的今之学者呢？他们所学，又是为了什么？

众所周知，现今高等院校的学者，多半是蒙着头，忙写论文，忙着所谓SCI、SSCI，忙迫不堪，甚至过劳，俾使国际排名往前推进，遂可争取庞大经费。为使大学与“国际接轨”，“煞费苦心”，利诱胁迫，想方设法，硬逼着大多数学者乖乖就范。于是，他们在学术生产线，形容枯槁，了无意趣，像个作业员，无声无息，“谨守本分”，量产着一篇篇所谓的论文。

这“接轨”的成绩，除了国际期刊引用的统计数字外，更体现在各式各样的大学排行上。北大等名校，每年为了进入全球百大，卯足全力，在排行榜上“力争上游”，期盼有朝一日，能追上华人世界排行最高的香港大学。自从有了排行，港大顿时成了别人的榜样；为了排行，大学也逐年“港大化”。

然而，两岸三地大学排行遥遥领先的港大，究竟又是怎么样的一所大学？香港大学，打从殖民地时代开始，一向便是金融人员与政府技术官僚的培训所，是香港金融资本主义的养成中心。不多不少，如此而已。

但是，这就是“大学”吗？大学之所以为大学，重点难道不是在于人文底蕴、历史声望，甚至是引领时代之风骚吗？为了与“国际接轨”，为了排行，有的名校舍长就短，宁可逐步“港大化”。最后，台大固然顺利与“国际接轨”了，但同时也将会丧失这所大学之所以为大学、多年来藉以召唤无数年轻一代的气度与格局。

所谓“国际接轨”，说穿了，纳入全球体系罢了！让人穷到只剩下钱，除了训练一个个专业人才之外，也将贫乏到只剩下一篇篇的论文。论文量产，原本就是为了产业不断之研发，那只是资本主义生产链的一环。至于产业无关的学科（就是所谓冷门学科），也不过是比照办理罢了！除此产业之原因，学者在研究室的日夜赶制，若还说为了增进社会福祉、若还说为了知识而知识，这如果不是天真，也多半也是自我安慰罢了！

退一步讲，早先许多的学者，曾经是满怀理想；他们认真发表论文，也的确是为了社会进步。但直至今日，任凭他们左思右想，也弄不明白，为何学问会异化成只剩下一篇篇量产的论文？

事实上，西方式的大学体制，向来追求知识学问，并不处理生命修行的（修行是教会的事）。知识学问一旦隔绝了生命修行，一如产业发展脱离了人之德行，它们都将自成一物，都将自行演绎，自行扩张。于是，知识也好，产业也罢，都会如野马脱缰，止都止不住，一变变成了恶性发展，于是，种种异化，都将难免。

对照今日学者的困境，我们再重读孔子的这两句话，真是点滴在心头。儒释道三家，不单孔子，谈的全是“为己之学”。“学”之焦点，都在一己修行；凡大学问者，也必是大修行者。学问与一己修行，一而二，二而一，两者一体，不可稍离，此之谓“为己之学”。

相较言之，三家里头，儒家稍不留意，特别容易落入“为人之学”的误区，孔子为矫此弊，遂特意标举这“为己之学”。儒者为国为民，满怀理想，这本非坏事；但过度的天下国家，却容易本末易置，忽略了一己的修行之事。一旦忽视这个原点，所学便一转成了“为人之学”，就难免有种种异化。为了天下国家，尚且异化；乾嘉以后的考证之学，就更离题远矣；至于今日学院的论文之学，则是不知伊于胡底了！

有一回，子路问“君子”，孔子答曰：“修己以敬。”子路不放过，追问：“如斯而已乎？”孔子又答：“修己以安人。”子路还是不放过，续问：“如斯而已乎”？孔子只好再答：“修己以安百姓。修己以安百姓，尧舜其犹病诸？！”

这就是“为己之学”。三次回答，三次“修己”；对孔子而言，安人也好，安百姓也罢，所有的原点，都是“修己”二字。所有的学问，亦复如此。孔子如此强调“为己之学”，正是骊龙取珠，直探核心，提醒大家，为学千万莫偏离主题，不识大体。今日学院，早已积重难返；在许多学者看来，这“为己之学”，只是迂阔之言，根本不值一哂。但学院之中，有心之人，又岂能全无？若能在这“为己之学”参详再三，或许，今之学者，就未必那么苦无出路，也未必那么绝望吧！

第二十三则

鸣鼓而攻之

——大成殿的冉求牌位

后来的两千多年，许多政治权威，极言尊孔，但也仅止于尊孔，也仅止于将孔子高高供着。他们心头真正喜爱的，其实都还是冉求者流。冉求有才干，冉求能“配合”，冉求更不会给他们“添麻烦”。或许，也正因如此，那个引来孔子如此盛怒、早已高言逐出师门的冉求，终究仍又被迎回孔庙大成殿，永受配享。

季氏富于周公，而求也为之聚敛而附益之。子曰：“非吾徒也，小子鸣鼓而攻之可也！”〔先进篇〕

前阵子，我去孔庙演讲，抵达会场后，时间尚早，便四周先逛了一圈。来至大成殿，里头是孔子神位，两侧另有四配、十二哲陪祀，其中，我看到冉求的牌位，不觉感慨！

冉求是个大才，但常挨骂。后来因帮季氏聚敛，孔子盛怒，要将之逐出师门，且对门人高声喝道：“鸣鼓而攻之可也！”但后世儒者以及政治权威，或因厚道，或因迂阔，也或因另有算计，总之，他们把冉求迎回大成殿，师生又齐聚一堂。这不知是喜剧，还是闹剧？

冉求向来干练，孔子说：“求也艺，于从政乎何有？”凭冉求的能耐，从政当然不成问题。于是，孔门十哲中，也就他与子路二人，同列于政事一门。又于是，当年掌控鲁国实权的季桓子病危，遗命召回周游列国的孔子，季康子禀承父命，欲召孔子，却又举棋不定，迟疑再三；最后，季康子终究从孔门召回了一人，畀予重用，这人却是冉求。

就冉求，舍孔子，一来可见冉求的能力才干，绝非寻常；较诸乃师，实不遑多让；二来亦可见，在季康子眼中，冉求比孔子“好用”，也没孔子那么“麻烦”。这点才是关键。

冉求的“优势”在于，他肯“配合”。当然，身为孔门弟子，冉求自有其理想，亦有其抱负；他本非佞幸逢迎之人，亦非曲意承欢之徒。但是，“岁寒，然后知松柏之后凋”，真到关键处，他会不会动摇？碰到底线，犹豫了，他可不可能弃守？事实上，冉求个性向来犹疑，经常“天人交战”。有一回，他对孔子说：“非不说（悦）子之道，力不足也。”这样的挣扎，由来甚早，这都暗示着，终有一天，他将背弃他老师始终耿耿、从未忘怀之“道”。

孔子之“道”？是的，一直到了六十好几，早已耆耋，孔子犹仆仆风尘，累累如丧家之犬，究竟他栖遑何事？不就是盼着，一朝终得大用，他能行“道”于当日吗？

虽非自己，但毕竟仍是门人，也好。冉求回鲁，果得大用；他也争气，治理有方，且在一次重要战役打了胜仗，还趁机向季康子大力举荐他的孔子老师。但是，季康子深知孔子极难为用，踌躇再三后，也只好作罢。又几年，孔子的最晚岁，终于返归故国，自知终难为用，遂无意出仕。但行“道”之事，又岂能忘怀？于是乎，他寄希望于门人，紧盯着那几个“代理人”，尤其是冉求。

冉子退朝，子曰：“何晏也？”对曰：“有政。”子曰：“其事也！如有政，虽不吾以，吾其与闻之！”

孔子盯得紧哪！

但盯着盯着，终归还是要失望的。季氏将伐颛臾那回，孔子已深觉不对劲，发了脾气，也对冉求训了一顿！但是，骂归骂，这冉求纵使再如何良质美材，仍终非“松柏”之质呀！于是，时候一到，“该配合”的，他配合了；越过了底线，“该委曲求全”的，他也“委曲求全”了！于是，连帮季氏搜括聚敛，他也做了！

这回，孔子就不只是失望了！

“非吾徒也，小子鸣鼓而攻之可也！”

然而，孔子要失望的，又岂是仅仅当日？

后来的两千多年，许多政治权威，极言尊孔，但也仅止于尊孔，也仅止于将孔子高高供着。他们心头真正喜爱的，其实都还是冉求者流。冉求有才干，冉求能“配合”，冉求更不会给他们“添麻烦”。或许，也正因如此，那个引来孔子如此盛怒、早已高言逐出师门的冉求，终究仍又被迎回孔庙大成殿，永受配享。

第二十四则

勿欺也，而犯之

——“麻烦”的孔子

对孔子而言，君有君道，臣有臣道。“君使臣以礼，臣事君以忠”；君若有道，那么，为臣者，竭心尽力，不在话下。但是，君若无道，休想孔子会让你称心如意，更休想要他迎合你。

子路问“事君”。子曰：“勿欺也，而犯之！”〔宪问篇〕

认真说来，孔子极难为用；因为，他很“麻烦”。

孔子当然盘盘大才，在鲁国“大司寇行摄相事”时，政绩便已斐然昭著；他且实力雄厚，周游列国时，随从车乘之规模，随从门人之程度，都已让各国权臣为之侧目，也使各地诸侯对之多有礼遇。但是，礼遇归礼遇，他仍终难为用。

外表看来，他的终难为用，是因锋芒太过，招来侧目；各国权臣为了一己之谋，疑惧于他，颇有猜忌，故不时多进谗言。但是，这其实无关宏旨，真正关键，仍在于各国君主。

对任何掌握大权者而言，尽管孔子是不世出之大才，但用与不用，都令人颇费犹疑。不用，固然可惜；但真要重用，不仅极需胆识，更需莫大勇气。因为，一旦重用孔子，常常等同于和自己“过意不去”，稍不“留意”，是会自寻无限“麻烦”的。

对孔子而言，君有君道，臣有臣道。“君使臣以礼，臣事君以忠”；君若有道，那么，为臣者，竭心尽力，不在话下。但是，君若无道，休想孔子会让你称心如意，更休想他要迎合你；他说：“以道事君，不可则止。”君臣一场，合则来，不合则去，没什么好迁就的。于是，孔子几次入仕，便也只能，几次“不可则止”。

“麻烦”的是，随着孔子声望日隆，任何有心用他的掌权者，其实都要背负着越来越大的压力：若自己“表现”不好，孔子又要“不可则止”，打算求去之时，不正等于昭告世人，自己是个无“道”之君吗？当时的那班君主，谁有把握，所行皆合于道呢？谁有把握，孔子一旦国中为臣，必会不再求去？于是，我们便能体会，孔子游于列国，凡十余载，明明他有心，诸侯亦多有意，可机会为何总是一次次擦身而过？事实上，诸侯即便真想用他，只看他“不可则止”的“前科”如此累累，又掂估自己斤两，踌躇再三，也只能一声轻叹，算了吧！

用孔子的“麻烦”处，还不止如此。

但凡用他，早在他“不可则止”之前，他的“以道事君”，已让掌权者招架不住、“挣扎”许久了！他是怎么“以道事君”呢？有一回，子路问“事君”，孔子回答了：“勿欺也，而犯之。”该说真话，就说真话；该冒犯，也不必太客气，就冒犯吧！

孔子平日谦恭，但常有例外。季康子患盗，问于孔子，孔子答得多么干脆！“苟子之不欲，虽赏之不窃。”你贪欲过甚，故招来盗窃，要怪谁？你若不贪，即便鼓励百姓来偷盗，他们还懒得理会呢！

这就是孔子。

《论语》一开头，《学而篇》的第二章，论语编纂者之一的有子，就批评了“犯上”者。他说：“其为人也孝弟，而好犯上者，鲜矣；不好犯上，而好作乱者，未之有也。”有子虽说长相酷似孔子，但有子与孔子，其实是两回事。孔子说的是，“勿欺也，而犯之。”

后代儒者，多似有子，于是，他们跟着有子，人云亦云，也将“犯上”讲成了大逆不道。但真不巧，有子的孔子老师，偏偏就是一个会“犯上”的人！他且还鼓励子路也“犯上”呢。子路事君，是否“犯上”，我们不得而知；但子路事师，则确实经常“犯上”，“前科累累”哪！他不时都会冒犯孔子，直肠子一条，话极不中听，但其心拳拳哪！这点，孔子当然比谁都明白，也因此，孔子比谁都看重这个莽撞的弟子！

什么样的老师，会疼什么样的弟子。

同样地，什么样的君主，也会重用什么样的臣子；什么样的时代，更会举扬什么样的人物！没办法，这算是孔子的命吧！

第二十五则

述而不作

——孔子之谦虚，孔子之得意

创新，是这个时代最大的宗教；过度趋新，则成了我们这时代最难瘳的沉疴。因为夸大了创新，遂使大家如滚笼中的老鼠，狂走疾奔，成日焦虑，无停无歇；终致心困神倦，疲累不堪。最后的收场，则是搞到形容枯槁，了无生趣，太阳光底下无新鲜事，日复一日，只能无聊难耐。

子曰："述而不作，信而好古，窃比于我老彭。"〔述而篇〕

现代人，强调创意；文艺者，竞说创作。中国文明，却不如此。中国文明，是孔子说的，"述而不作"。

之所以"述而不作"，是因为，"信而好古"。

"信而好古"，此人有福喽！生命后头，有个溥实的传统，怎么算，本钱都比别人雄厚。这传统深阔，浸之润之，优游既久，"可以兴，可以观，可以群"，取之不尽，用之不竭，且仰之弥高，钻之弥坚；因此，知之不尽，欢喜赞叹。此之谓，“信而好古”。

“信而好古”之人，可比那家基厚实者，他底气足，出手阔绰，不仅随时上得了台面，且随便一拿，皆有余裕，多有豪华之气。他不必四处张罗，绝不寒碜。他且见多识广，故而知深浅，有畏敬。他晓得，但凡真正见过世面，在高手面前，强调自己的能耐；或大成就者前头，高谈自己的“创见”，其实，都有点好笑。

所以，孔子自道：“述而不作。”这话，固然是他谦虚，其实更是他的得意。这意味着，他见过高手，也见过真正的世面。

当然，“信而好古”，不能无弊。你瞧，史上多少迂儒，泥于古而昧于今，顽冥不灵，食古不化；这班泥古之徒，看了令人无语，只想把他的满嘴传统，一槌击碎。“人能弘道，非道弘人”，再好的东西，也都得要，有人。“信而好古”，本是个香远益清的词儿，却被宋明以来那群腐儒，弄得臭不可闻；而后，在五四群贤推波助澜之下，“信而好古”，更几已污名化。又随着时代递嬗，大陆曾有段时间，因政治变动，几乎断绝了自家传统；而台湾则这二十年，因政治认同危机，影响了文化认同，遂不知何谓自家传统。海峡两岸，一边断了传统，一边没了传统，现在若说“信而好古”，都显得有些滑稽。

正因远离了传统，也鲜少有人“信而好古”了，于是，海峡两岸，不约而同，都竞言创意，高唱创新。即便是“最传统”的如京剧、如书法等等，也是整天嚷着“新”字。但再怎么高嚷，真论创新，一新不过科技产品，二新不过当代艺术，三也新不过年轻人的标新立异。与之相较，任何所谓创新，都不免相形见绌。

但是，真创新了，又如何呢？科技产品不断更新，正意味着使用寿命日益短浅；而当代艺术的创意，固可眩人耳目于一时，但过了也就过了，浮花浪蕊罢了！至于年轻人的标新立异，那更只是生命的无明不停在躁动着，方生方死，刹那生灭，一切如梦幻泡影，又何贵之有？

又如现代学术，极度强调创见；强调的结果是，这些“充满创见”的学术论文，堆积如山，浩瀚似海，其中绝大多数，归档完毕，也就几乎无人再予闻问了。整天强调着创见，最终，却制造出一堆学术公害。再说文艺“创作”，难道不也如此？许多年轻“创作”者，既无甚生命经验，亦无多人生阅历，更无深入任何一个传统，无资无粮，却动辄要高唱“独特风格”；“独特”了半天，绝大多数的作品却几乎就是朝生暮死，又有几件禁得起时间的沙汰？

创新，是这个时代最大的宗教；过度趋新，则成了我们这时代最难瘳的沉疴。因为夸大了创新，遂使大家如滚笼中的老鼠，狂走疾奔，无停无歇，以致心困神倦，疲累不堪；最后的收场，则是搞到了无生趣，太阳光底下无新鲜事，日复一日无聊难耐。

相反地，当年那“信而好古”的孔子，他特别标举“述而不作”，不标新，不立异，只是如实地娓娓道来，朴素平易，言简意赅。但是，那论语虽然言语寥寥，我们从中之受益，却是无穷无尽；而他们师徒的对话，即便古老已两千余年，但个中之真滋味，今日我们读来，却仍然兴味盎然，好新鲜。古今对照，一意趋新，刹那间便成了过时；而信而好古，却时时透着新意。这古今新旧，着实吊诡。但是，真说到底，也端视有心人如何去领略了！放着那么厚实的家底而不顾，却要一味寒伧，这又何苦来哉？

第二十六则

祭神如神在

——宗教心与诗情

上回中秋，天刚新暝，虽然月上东山，却仍有薄云遮掩，月光只在隐约之间。我一家五口，备桌供月，除了文旦与月饼，唯人手清香一炷；遥望天际，溶溶云月，虽无甚祝祷，但觉天清地宁。侧着头，我瞅了一旁三个小孩，脸上的素净，其清简虔敬，想来，也该是千百年来我们祖先致祭时的神情吧！

祭如在，祭神如神在。〔八佾篇〕

祭，一是宗教心；另一，则是诗心。

最高位阶的祭，是祭天。北京有天坛，是天子祭天处；祭祀前，天子须斋戒，须沐浴；祭祀时，天子则须神志清明，惟虔惟诚。

民间也祭天，除了正月初九，我们乡下的婚礼，至今犹多祭天，曰，拜天公。

十几年前，我结婚，也拜天公。祭拜前，全身沐浴，衣物全新。祭拜时，堂上华烛高烧，堂外灯火通明。供桌上肴馔丰盛，荤素俱齐；廊外另备大桌，供有猪、鸡、羊三牲（民间感念农事劳苦，不忍吃牛）。时辰踏正，子时方到，奏唢呐、伴锣鼓，而后三跪九叩。旁有道士颂读疏文，祝祷上天；后有傀儡戏演，乐通天人。此戏辍演停歇时，则用头巾蒙住戏偶，以示戒慎。此戏，民间唤为“嘉礼”戏。

冬日子夜，寒气侵人，那回，行礼久跪，膝盖有些发疼，但耳边厢一片戏乐与祝祷声中，我持香长跪，竟也心思清明，惟虔惟诚。眼前香烟袅袅，堂前祖先神位，顶上则是阔寥穹苍，无边亦无际；我唯一念悠悠，但觉天地人俱在现前；尽管区区，但我这人生，也着实庄严。

人虽六尺之躯，亦足与大化相溶；生年虽不满百，却可绵亘古今，甚至无古亦无今。宗教心，使人虽然有限，亦可无限。祭，是宗教心的礼乐风景。

祭，除了宗教心，也是诗心。

诗心，可成宗教之美，可济宗教之失。宗教使人无限，信仰使人饱满；但宗教心若过于炽烈，过度咬死，稍一不慎，都难免落入巫魇，心神反更颠倒。魔与神，每每只是一线之隔。最深的罪孽，总伴随最神圣之名；最彻底的疯狂，也常起因于最伟大的事物。于是，史上多少回的战争，以宗教之名，却招致了最酷虐的杀戮与迫害。

因此，中国历代，屡禁淫祠，屡戒淫祀。祭祀再好，仍不可过度；祭祀再良善，亦不该太甚。祭祀之事，终归于一份平常之心，最忌说得过实，更忌咬得太死。西方一神论宗教之所以流弊既深且酷，总源于他们把神说得太实了。中国文明，是孔子说的“祭如在，祭神如神在”。这个“如”字，实若虚，有若无，故与诗最可相通。诗在虚实之间，言语寥寥，意思满满；诗于有无之际，风吹花开，光景无穷。

正因这份诗心，于是中国古代也祭花神，也祭山神，更祭岁时节气。这份诗心，今在大陆，几已断绝；而在台湾民间，仍大致完好；至于日本，则最有丰姿。“礼失求诸野”，日本的四时祭祀，最得诗心之全之美；有此岁时祭仪，佳气可生山川，良辰俱在四时；通过祭祀，人于天地自然，不仅可敬，更有可亲。

上回中秋，天刚新暝，虽然月上东山，却仍有薄云遮掩，月光只在隐约之间。我一家五口，备桌供月，除了文旦与月饼，唯人手清香一炷；遥望天际，溶溶云月，虽无甚祝祷，但觉天清地宁。侧着头，我瞅了一旁三个小孩，脸上的素净，其清简虔敬，想来，也该是千百年来我们祖先致祭时的神情吧！

第二十七则

政者，正也

——政治，是人世有大信，人家有笑语

政治，是各正其位。政治，是人世有大信，人家有笑语。政治，不单单只是富国强兵，更要有礼，更该有乐。孔子的政治，是礼乐政治。孔子言志："老者安之，朋友信之，少者怀之"。这就是政治。

历史上，屡屡出现军事国家主义，彼时，所谓政治，唯专注军事扩张，民如刍狗，每见横尸遍野；所谓政府，只是战争杀戮的指挥中心。而今，则是产业国家主义，这时代，所谓政治，只关注着经济发展，人如蝼蚁，成日蝇营狗苟，孳孳为利；所谓政府，也不过就是产业发展的总事务所。

孔子的政治，全然不同。他说："政者，正也。"政治，是各正其位，方能人世有大信，人家有笑语。政治不仅要富国强兵，更该有礼有乐；如此军事、产业各正其位，本末清楚，才是"政者，正也"。孔子的政治，是礼乐政治；他所言志，"老者安之，朋友信之，少者怀之。"这

就是政治。

国家要强大，百姓该富庶，这理，孰人不知？但政治若执此二者，都将招致灾难。军国主义之弊，人人皆知，自不待言。至于产国主义，因我们深陷其中，反倒迷茫；又因财团、政客、媒体的三位一体，铺天盖地成日夸大经济成长之必要，科学家又魅惑以更美好之明天，于是，漫无限制的产业发展，遂成了这时代最大的迷思。

现今产、官、学的紧密绾合，早已使产业的恶性膨胀，如脱缰野马，疾奔狂走，怎么止，都止不住！纵使人们日益忙迫，疲累不堪；过劳致死，时时有闻；但这疾奔狂走，止不了的。又纵使贫富日益悬殊，地球这儿穷奢极欲、四处减肥、成日计较卡路里，而地球另边贫困无援、骨瘦如柴、遍地多有饿莩，两造即使反差再大，但疾奔狂走，是止不住的。再纵使地球资源已将耗竭，生态已濒灭绝，产业膨胀意味着毁灭之加速前近，但，疾奔狂走，依然是，止不了的。

产业，本是政治的一部分，但现今的产国主义，却僭越成政治之全体。产业的不得其正，不居其位，遂吞噬了文明之全部。昔日子贡问“政”，孔子回答：“足食，足兵，民信之矣。”富庶重要，强大也重要，但人生在世，更要有个大信，更要有着尊严，才能活得有滋有味。子贡追问，孔子接者又说，真不得已，此三者，可先去兵；若再万万更不得已，就只能去食；无论如何，民之大信，断不可去，“自古皆有死；民无信不立”。

中国文明历尽劫难而不毁，饱受摧残而不倒，何以然？不就是有这个渡灾解厄的人世大信吗？

今产国主义，侈言造福子孙；但种种造作，都在祸延子孙。现代父母又极尽呵护、动辄言爱，实则只是惯纵宠溺；他们又竞言教育，夸口不让孩子输在起跑线上，其实也在荼毒下一代，斲尽灵性与悟性。更可叹者，孩子成长在这物化时代，看似丰饶，实则贫瘠；成人世界穷到只剩下钱，除了钱，生活周遭，日益干枯，日益无趣。更令我们大人汗颜的是，孩子的价值混乱、是非不清，根本没机会体会什么是人世大信；他们从小浸润在政商利益交换以及媒体扭曲中，他们始终也无法明白，什么叫做“政者，正也”。

第二十八则

民无信不立

——富强的美利坚合众国缺了什么？

现今这个时代，我们看着兵力横决、吃食无餍的美国，也看着糜烂溃坏的同一个美国；糜烂溃坏所及，我们更目睹着第三世界的饿莩遍野，以及全球的生态灭绝。“兵”、“食”、“信”三者的关联，竟是由美国这般现身说法；这时，我们忽忽想起那“不合时宜”、“违反常识”的孔子，再重读他这一段话，又岂能不怵然心惊？

子贡问“政”。子曰：“足食，足兵，民信之矣。”子贡曰：“必不得已而去，于斯三者何先？”曰：“去兵。”子贡曰：“必不得已而去，于斯二者何先？”曰：“去食；自古皆有死；民无信不立。”〔颜渊篇〕

子贡问“政”，孔子回答：“足食，足兵，民信之矣。”但必不得已，可先去兵；若再万万不得已，只能去食；无论如何，民之大信，断不可去。

这一则，用现代的标准，简直是，惊世骇俗。

"信"，有那么重要吗？

孔子这为"政"之道，坦白说，在两千五百年前，早已是，不合时宜；在现代，更完全是，不合时宜。我们怎能想象，现代有哪个政客从"政"，哪个学者论"政"，会是孔子这种讲法？别说讲，他们是连想，都不可能会想。若真听到了孔子这种"论调"，他们要不，置若罔闻；要不，嗤之以鼻；要不，极有风度地，淡然说道，唉呀！都什么时代了？

是啊！都什么时代了？！

这个时代，或者说，稍早之前半个多世纪以来，是所谓，美国人的时代。海峡两岸多少知识分子，前后好长一段时间，都共同向往着太平洋彼岸那富裕强大的国度，都引为吾国凡事效法学习之鹄的。美国，曾经是多少人心中的梦土。而今，看看它的现况，再和论语这一则，相互对照，最可思省。

美国，当然是现今世界第一强国，兵威所至，无人能及。即便新崛起的中国大陆，军事之力量，也仍然远远瞠乎其后。美国兵力之烜赫，非防卫之所需，亦非"世界警察"之所用，其穷兵黩武，是其帝国主义不能不备的掠夺工具。史上曾有各种帝国，进行过各样的掠夺；但如美国这般彻底、这样全面的，却是从未曾有。战略物资如伊拉克油田，他掠之夺之，还就罢了；美国是，连韩国不吃他的牛肉，也不放过！

美国早已不是"足兵"，而是"滥兵"；美国也早已不是"足食"，而是"滥食"。这个"滥食"的国度，当然是世界第一富国，其穷奢，其极欲，皆非任何国家可望其项背。美国人的"滥食"，一方面量极大，另方面饮食习惯极其粗恶，故造就了史上最肥胖的国度，一个国家三分之二人口过重。他们吃食之泛滥，吃食之毫无节制，不仅吃出了数量骇人的肥胖人口，也吃出了第三世界无数之饿莩，更吃出了全球多少物种之灭绝。即便如此，透过资本主义的机制，他们还在想办法提高食物产量；这些研发，美其名要解决饥饿问题，其实只为强化他们农牧产品的贸易竞争力，以持续压迫第三世界，进一步遂行他们的经济掠夺，以确保，他们可以继续穷奢极欲，可以继续更无节制地“滥食”下去。

美国的“滥食”，虽说可恶，但也可愍。众所皆知，一个人会毫无节制地吃食，像“强迫症”似地，多半是内心极度空虚，有着严重的欠缺；同样地，今日美利坚举国之“滥食”，也正因为，这国家的灵魂深处，空虚苍白、百无聊赖，确实有着极大极深的欠缺。

他们欠缺什么？说白了，一个字，“信”，那不合时宜的孔子最耿耿于怀的那个“信”字。

美利坚合众国，这个国家，没有人世的大信。美利坚合众国，财团与政客紧紧绾合，为了经济利益，可以倾全国之力，无所不用其极，对全球软硬兼施、强夺豪取。美利坚合众国，华尔街汇集全国精英，以营销为名、诈欺为实，每天尔虞我诈、机关算尽，建立了资本主义的“天堂”；这些金钱游戏的全美精英，营销出华尔街的光芒万丈，也诈欺出金融海啸的全球灾厄。

于是，这个国家，为了入侵伊拉克，编织一堆借口，冠冕堂皇，慷慨激昂，俨然正义之化身。结果呢？自居“世界警察”者，竟是世界第一盗寇。又于是，这个资本主义“天堂”，利之所在，锱铢必较，透过政军势力进行经济压迫，轻易便把第三世界国家掠夺到国困民穷、饿莩遍野。等到饿莩遍野，这美利坚合众国，再以国家援助、民间劝募之名，进行各种慈善救济，透过强势的媒体宣传，摇身一变，又成了“人道主义”的圣洁国度。

这般翻手作云覆手成雨，多年来，早已将美国立国的基督教伦理的人世之信，彻底化为乌有。而这般误尽他人，又岂能独独有益于己？于是，这毫无人世之信的国度，人心之日形空虚，就绝非“滥食”所能完全填补。因此，美国原本严重的毒品、暴力、色情泛滥之灾，必将恶化，终至溃决；任何的防治，也都只会更加无解。

现在这个时代，我们一边看着兵力横决、吃食无餍的美国，另一边又看着糜烂溃坏的同一个美国；这糜烂溃坏之所及，我们还目睹着第三世界的饿莩遍野，以及全球的生态灭绝。“兵”、“食”、“信”三者的关联，竟是由美国这般现身说法；这时，我们忽忽想起那不合时宜的孔子，再重读他这一段话，又岂能不怵然心惊？

第二十九则

可谓好学

——调弦转轴，一切归零

所谓好学，就是抖落身上的浊气，让自己时时刻刻都能神清气爽，让自己了然分明，让自己有个好心情。

子曰：“君子食无求饱，居无求安，敏于事而慎于言，就有道而正焉，可谓好学也已。”〔学而篇〕

谈孔子之“学”，必及“悦”“乐”二字；而论孔子的“好学”，首先，就要先体会他的元气饱满。

读过乡党篇，大家清楚，孔子对于吃食之事，其实在行。他不仅深谙饮食之礼，且一食一饮，都能深识个中滋味，甚至会让人误以为他是个美食家。然而，如此深识饮食的孔子，却又说“食无求饱”，这岂不怪哉？

这乍看的矛盾，其实，只是孔子的有余。孔子因为元气饱满，故多有余裕；遂可既能讲究，又可“食无求饱”；既深辨其味，又甘于粗茶淡饭；虽颇在行，却可不萦于心。那回，他不是又得意地说自己是“发愤忘食、乐以忘忧”吗？哎呀，看那表情，可神气呢！

这神气的孔子在发愤甚么？在乐什么？用论语的话，两个字，学道；若是现在，则说，修行。孔子发愤忘食地学来学去，所言之学，都和修行脱离不了干系；这正与今日所谓学问，最是不同。今日学院，做的是抽象学问，与修行是没有关系的。

孔子的学，因为结合修行，所以他最大的学问，就是他生命的自身。人比学问大，人比议论真。于是，我们读论语，可以不为了吸取任何知识，也不为了学院强调的哲学思想，就只纯然关心孔子与他那班弟子做了些什么事而又说了些什么话，甚至，我们只是更直接地去感觉，感觉他们的生命质地与其展现出来的生命气象。于是，相逢相睹、相映相照，我们读论语，如闻謦欬，读着读着，胸臆之间，顿时清朗许多；身上的诸多浊气、原来的种种不清不爽，似乎，也都抖落了不少。

这就是好学。

所谓好学，就是抖落身上的浊气，让自己时时刻刻都能神清气爽，让自己了然分明，让自己有个好心情。事实上，每回神浑气浊，觉得半点元气都无有，常常是别人都还没察觉到，自己就先憎恶了起来。譬如上回，我一家五口，去听琴人黄永明弹琴，她为奏一曲“忆故人”，特意准备了两把明代古琴，一钢弦，一丝弦。那丝弦音色好，明琴配丝弦，真有辽辽之思。但这丝弦音量小，且不稳定，几番弹奏着，我们都还没察觉，只见永明眉头一蹙，赶紧又调弦转轴，校正了起来。一会儿，调准了，音也正了，她又专注在“忆故人”的幽思跌宕里，脸上还有着一抹澹然的欣喜。

孔子的好学，大概也就如同这音色蕴藉的丝弦明琴吧！从幼至长而到老，孔子所谓好学，其实就是不断地调弦转轴。在这调弦转轴中，一切归零，一切新发于硎，亮霍霍的！“苟日新，日日新，又日新”，孔子的好学，是让每个日子都透出了新鲜味，都有光亮，都能元气满满！

第三十则

赐也，非尔所及也

——平常心是道

世间许多问题，看来根源复杂，但究实言之，常常都只因为，失却了那份平常之心。子贡这漂亮人儿，很习惯说些漂亮话儿；然而，太漂亮，总有些虚相，会起颠倒。孔子于是提醒他，千万聪明莫被聪明误！尽说些漂亮话，到头来，会自我蒙蔽的！

子贡曰："我不欲人之加诸我也，吾亦欲无加诸人。"子曰："赐也，非尔所及也。"〔公冶长篇〕

子贡这人光鲜，随时看他，都是新亮的。他的器量格局，也完全配得上一身华贵；举手投足，怎么看，都有种豪华。除了颜回、子路，孔子最看重的弟子，就是子贡；孔子道他是"瑚琏之器"。

子贡这人不简单，行事聪敏，说话漂亮，政商两界俱得意。不仅如此，他更是个有志气的，尽管一身富贵，却非利禄之徒，完全不受名利所拘限。他有辽辽之思，曾对孔子言志，“博施于民，而能济众”，襟抱诚属非凡；他且有道德理想，自言，“我不欲人之加诸我也，吾亦欲无加诸人”，真令人肃然起敬。

然而，可怪的是，子贡讲得这么好，但这两回，孔子却都没称许他。前一回，孔子说子贡这襟抱，连尧舜都办不到，“尧舜其犹病诸”！那么，你呢？后一回，孔子就不客气了，既不拐弯，也不抹角，干脆泼了冷水，说道：“赐也，非尔所及也。”

子贡说得这么好，孔子为何不仅吝惜赞美，反倒泼他冷水？原因在于，子贡说得太好了。

太好，好到失了平常心；太好，好到会出问题。这正如“以德报怨”，乍看动人，但孔子却不赞成，只因为，那已离了平常之心。世间许多问题，看来根源复杂，但究实言之，常常都只因为，失却了那份平常之心。子贡这漂亮人儿，很习惯说些漂亮话儿；然而，太漂亮，总有些虚相，会起颠倒。孔子于是提醒他，千万聪明莫被聪明误！尽说些漂亮话，到头来，会自我蒙蔽的！

说话漂亮，目标高远，不一定会让自己变得虚伪，却很容易就眼高手低。一旦眼高手低，就容易造成知行之落差。道理知得深，说得巧，但整体生命却跟不上，这反差越大，真实的生活，就越难有着力处；使不上力，生命就容易往下坠落；人一旦处于这种矛盾，经常呈现撕裂状态，就会日益不得清安。因此，世间之人，越是聪明，就越容易掉入这个泥淖；越是夸夸其言，常常异化越深。正因子贡聪明绝顶，能言善道，孔子才更戒之慎之，唯恐他也坠入这种异化！

有别于子贡，孔子论事，向来卑之无甚高论；而论语所言，更是简易平实。于是，聪明如子贡，对高远玄杳的“性与天道”，自然深感兴趣；但孔子于此，却几乎绝口不谈。孔子既不谈形上学，也不谈抽象理论，他从来就不是西方意义下的哲学家。今日学院，大谈孔子“哲学”，其实，都有点文不对题。孔子不务玄虚，不好高骛远，即使言志，也是一派天然，“老者安之，朋友信之，少者怀之”，很具体，很真实，乍听之下，半点都不伟大。

这才是孔子。

孔子植根于生活，结结实实；但凡所言，不过是他如实生活、如实体会之心得。孔子这种平实，很清爽，也很健康。因此，他的生命，少有异化。

后代儒者，尤其理学家，已然失去了这份平实。理学家长于思考，他们关于心性的论辩，乍看严正，乍看深切，但其实是背离了孔子，已然堕入抽象之思考。理学家且心高气远，动辄蔑视汉唐，以为唐宗汉祖，皆不足为道；孔子不然，他是这也喜爱，那也欢喜。理学家更是理想迢遥，张载的名句“为天地立心，为生民立命，为往圣继绝学，为万世开太平”，我年轻时读之，欣羡向往，久久不能自已。但而今看来，却觉这话过度漂亮，太伟大了；这种漂亮话儿，说多了，听多了，会让人失衡，会使生命颠倒的。我猜想孔子若是听闻，他大概也会笑笑着说道：“载也，非尔所及也。”

因为宋儒遗绪，又兼欧风美雨之吹拂，今日知识分子，普遍好谈高远；而一般读书之人，也竞言抽象理论。凡此，初初都不觉有异；风气所致，甚且视为当然。但是，这样脱节于平实，时日一久，生命的矛盾与撕裂，便在所难免；许多无法厘清的苦闷与烦恼，亦根源于这种生命的失衡。禅家有言，“挑水砍材，无非大道”，又言，“平常心是道”。当今知识分子，失却这份健康的平常之心，久矣！孔子泼子贡这冷水，要唤起他的那份清醒，其实，说来说去，不就是要找回那个平常之心吗?

第三十一则

于吾言，无所不说

——虽是门徒，实为知己

说来怃然！孔门热闹归热闹，但若真要找个彻底知心解意之人，孔子千寻万觅，却也只此一人！因为，只有颜回够高，够深，够清澈。其他门人，当然各具擅场，各有其美；但因程度所限，在某些节骨眼上，就是无法和孔子榫卯相合！真到了关键处，孔子四处瞻望，中心彷徨！人海茫茫，可以与言者，就只剩下那个颜氏之子了！奈何！

子曰："回也，非助我者也！于吾言，无所不说。"〔先进篇〕

孔子称许颜回，为何总用最高级字眼？

凡当过老师者，可能多会诧异，孔子面对那群各有来头的弟子，每回谈起颜回，竟可以独许到如此全无顾忌？竟可以称赞到如此毫不保留？孔门弟子，三千之众，除子路因为年纪大，辈分高，再加上个性直爽，故曾无遮掩地表达过那么一点点吃味之外，其他的弟子，听老师如此言必称颜回，纵使心中无有不平，恐怕，也多少有些疑惑吧！

肯定有人曾质疑过：是颜回有神奇异能吗？是颜回可补老师之不足吗？是颜回可回过头来启发老师吗？非也，非也，面对这样的疑问，孔子明白说了：“回也，非助我者也！”颜回之所以了不起，就只因为“于吾言，无所不说”。

“于吾言，无所不说”？就这样？

但凡孔子说的，颜回便听；但凡听了，便欢喜欣然？果真只是如此？那么，热恋中的男女，成日情话绵绵，看对方的一颦一笑，听对方的只字词组，不也都“无所不说”？再说，眼下时髦的青少年粉丝，瞻望偶像时，且不管台上是扬眉瞬目、抑或扭腰露臀，粉丝们不也尽皆“无所不说”吗？

即便年纪大了，没那么幼稚了，但是，君不见，许多死忠的听众，许多虔诚的信徒，不管是男是女，或长或老，只见他们两眼紧盯，仰望着台上各种“文化大师”、各类“心灵导师”，不也常常两眼迷离、如痴如醉，完全是“无所不说”吗？更有甚者，大家总还记得，公元两千年台湾总统大选的“盛况”：蓝绿双方的支持者，若决江河、若注汪洋，他们热情宣泄，他们忘情拥戴；在造势晚会里，与政治明星一起“起乩”，相互催眠，那才真是彻彻底底道地道地的“无所不说”呢！

凡此种种，和孔子这里所说的，究竟有何两样？如果撇开孔子的“圣人”形象，再摆脱尊孔的传统束缚，那么，可不可以让我们追问：他这么说颜回，会不会只是孔子的“自我感觉良好”？会不会只因孔子久居师位，受人尊崇已成惯性？会不会只是孔子托大，又如常情般喜被附和？反之，颜回对孔子的“无所不说”，可不可能含着一些无明的迷恋？或是为了获致安全感的全盘仰赖？还是因为，过度孺慕而将孔子所言尽作胜义解了呢？

当然，孔子不可能如戏子般专擅表演，也不可能如政客般哗众取宠；至于颜回，亦绝无可能愚騃到宛如演唱会的荧光棒少年，更不可能痴迷到宛如高喊“冻蒜”的政治发烧友。因此，他们师徒之间，当然不可能是相互催眠，也不可能只是相濡以沫。然而，虽说不至于此，但是，一如现今许多地位崇隆的道场，尽管修行确有着力，宗长也不无本领，却或多或少，仍存有“师徒相瞒”之病。那么，孔颜师徒呢？他们会不会也是一个专示“庄严法相”、一个凡事尽作胜义解呢？是不是一搭一唱、相互欺瞒呢？

无可讳言，早在孔子生前，就一直有人想对孔子冠以“圣人”的大帽子。而孔子死后，他那一班晚期弟子，曾子、有子、子夏诸人，确实也过度仰望孔子，开始在孔子的塑像上涂以金漆。而至后代，在儒者和政治权威一层又一层的涂抹之后，那神圣化的孔子，早已脱离了真实的面目。我们若从后世这道貌岸然的“庄严法相”来看孔子，再配合俗人揣想的“乖乖牌”形象来体会颜回，他们师徒二人，倒真可能合演一出“师徒相瞒”的欺世盗名大戏。

但实情呢？

这么说吧！如果，孔门里头，让孔子说“于吾言，无所不说”的，不只颜回一人，而是百人、千人。那么，我们就可以一口断定：是的！他们是！

又如果，这孔门，是个一言堂。凡孔子所言，大家说好！孔子所为，大家称妙！孔子一举一动，无人质疑；孔子一言一行，无人困惑。孔子一呼，千人称诺。那么，我们也可以一口断定：是的！他们便是！

再如果，这孔氏门庭，完全是样板似的一团和气：老师永远慈祥，永远温良恭俭让；从不发怒，也从不骂人。而弟子则永远恭敬，永远谨听教诲；从不出格，从无逾越。那么，别说了！他们一定就是伪君子！一定就是欺世盗名者！

但是，事实上，我们今天单从这本已然被曾子等人筛选过、多少有被“和谐”掉的“洁本”论语，都已清晰可见，孔子不仅骂人，且骂人的次数，还真不少。你去数数，单单子路，挨了几回骂？就连子贡，何等聪明？但他被骂，又岂止一回！更别说宰予，“朽木不可雕也”，这气的！最惨的，还是冉求；他因帮季氏聚敛，恼怒了孔子，孔子是生了好大的气，不仅公开划清界限，还要弟子群起而攻之呢！

孔子这么一派生气，弟子又岂能示弱？孔门其实阳气，可热闹呢！子路是大师兄，他带头动辄就杠上孔子；而子贡刁钻，不时也和老师唱反调、兜圈子；至于子游，孔子才说了一句“杀鸡焉用牛刀”，立马被他纠正！当然，别忘了曾点：孔门师徒齐聚言志，一堂济济，他却是也听也不听，有睬没睬的；只顾着弹瑟，全没个“尊师重道”模样！然而，这“吊儿郎当”的曾点，最后，不是还让孔子给特别称许了吗？

孔门如此热闹，离所谓“一言堂”，着实遥远；孔门如此热闹，若真要干欺世盗名之事，那恐怕也得等这群灼灼阳气的师生死后再说吧！

于是，我们再回头说颜回。

说来怃然！孔门热闹归热闹，但若真要找个彻底知心解意之人，孔子千寻万觅，却也只此一人！因为，只有颜回够高，够深，够清澈。其他门人，当然各具擅场，各有其美；但因程度所限，在某些节骨眼上，就是无法和孔子榫卯相合！真到了关键处，孔子四处瞻望，中心彷徨！人海茫茫，可以与言者，就只剩下那个颜氏之子了！奈何！

话说回来，虽仅一人，固可遗憾；但有此一人，仍堪称天幸！孔子说什么，他听什么；声声到耳，字字入心；知心解意，欢喜欣然。虽是门徒，实为知己。有此知己，你说，孔子他老人家，能不看重，能不开心吗？人生在世，还有比这更要紧的吗？

第三十二则

吾日三省吾身

——曾子的局限

这样规格化的反省方式，稍不小心，更容易就掉入另一种强烈的惯性。人之所以不自由，人之所以不清爽，世人常常指向外在的种种束缚，这当然没错，但是，另一个更根本的关键，却是每个人都有其惯性，这惯性，将自己给团团围住，产生了根柢的不自由：惯性越强，人越不自由，也越不清爽。

曾子曰："吾日三省吾身：为人谋而不忠乎？与朋友交而不信乎？传不习乎？"〔学而篇〕

年少时，读曾子这章，不习惯；三十年后，再读这章，还是，觉得怪。

那回到市场买鸡，鸡贩是位太太，待人和善，行事利索。有客问，如此天冷，都几时起身？她答道："五点就得起来宰鸡，好赶七点摆摊。"客曰："好辛苦呢！你也真是勤劳！"她笑说："才不勤劳呢！是因生活所逼，不得不然，其实，可懒着呢！”客人称赞她：“实诚，一般之人，是不愿这样承认的。”她笑着说：“哎呀！自己是什么样人，又干嘛骗自己呢？有时晚上睡觉前，就突然想起，今天干嘛这么小气？又干嘛这么苛薄？伤了人，自己也还是不舒服呀！其实啊，自己是甚等样人，骗不了人的！”

这个鸡贩太太，一位市井百姓，说这话时，平平淡淡，娓娓道来，只是闲话家常。但较诸曾子，我却更爱听她说话。

尽管历代儒者说，曾子是“宗圣”；在大成殿里，曾子位列“四配”，崇隆显赫。

认真说来，曾子这章，当然不能说错；他所言之反省，也的确是修行的原点。因为反省，故可照见自己；因为照见自己，故山河大地，历历分明；因为照见自己，故有人有我，人我皆好。

但曾子这种反省方式，总之是怪。怪在太规矩，怪在太惯性。

真正的修行，是当下应机；真正的反省，也是当下觉知。修行若真得力，心思自然细致，觉知也必然敏锐；一举一动，一言一行，甚至才起了心、动了念，但凡差池，在当下那一刹那，自己也就明白大半，心里暗暗一声惭愧了。如果透明度尚且不足，通常是隔了一会儿，也多半就心里有数；白天无暇细想，晚上放下尘劳，临睡之前，一件件、一桩桩，自然涌上心头。这样的反省，虽说不是究竟，但总之多有帮助。

至于曾子，他每日的三省吾身，好处是很具体、很明确，任何人照此做来，自然能循规蹈矩，步入正道。但是，如此条理分明的反省方式，如此每日的一二三点，感觉起来，总像是工作报告与业务检讨，实在过度规矩。如此条列式的检讨，真要面对寻常日子的千思百虑，真要处理实际生活的错综纷纭，恐怕，都很难对应得了。假若无法如实对应，那么，再恳切的“三省吾身”，又如何地正心诚意，或许，也都无关宏旨罢！

再说，这样规格化的反省方式，稍不小心，更容易就掉入另一种强烈的惯性。人之所以不自由，人之所以不清爽，世人常常指向外在的种种束缚，诚然；但，另一个关键，其实是每个人都有惯性，这惯性，将自己给团团围住，才产生了更根柢的不自由。

人之反省，贵在自照，照见自身的诸多局限。其中之一，就是这个让生命不得自在的惯性。这种种惯性，若是观照得到，便可能化除；化除得了，人便可自由，便能清爽。所以我们回头来看，孔子所强调的“绝四”——“毋意，毋必，毋固，毋我”，说白了，一句话，去除惯性。

孔子如此自觉地去除惯性，故他身上，有着许多儒者远远不及的明白与清朗。孔子是个厚重之人，但同时，他也是个透明度极高之人。他摆脱得了惯性，因此，有时会“不按牌理出牌”，故不时被弟子质疑；但也因此，他的生命质地，特有一种干净与爽豁，不窄隘，不拘泥。故而，我们觉得他可敬，同时，更觉得他可亲。

曾子，也同样厚重；但他的厚重，却变成了沉重；这沉重，且带着强烈之惯性；他连反省，也是另一种惯性。这惯性，让人觉得，有太多事情，都非得如何不可。随着曾子编《论语》，传子思，再传孟子，乃至宋儒大兴，儒家的“道统”既成，这样的沉重与惯性，遂成后世传统的一大特征；然而，这沉重与惯性，却是完全迥异于孔子的“无可无不可”。也正因如此沉重与惯性，后来儒者的过度循规蹈矩，礼教的趋于凝滞僵化，其实，在曾子身上，都已然可见端倪。

老实说，今天我们所谓的儒家传统，与其说是孔子所建，倒不如说，是曾子以孔子之名建构而成。外表的面貌，当然是以孔子为核心；但个中的实情，究竟是孔子的成分多呢，还是曾子的成分更多一些呢？百年来，许多人嚷着打倒孔家店，或许，多少都有些搞错了！孔子他老人家被误会了这么久，我们是否也应该还给他一个本来面目：让孔子的归孔子！也让曾参的归曾参！

书成后记

政客有句口头禅："政治是一时的，朋友是永远的！"这话人人会说，但恐怕无人会信。然而，这话若改个词，将"朋友"换成"文明"，那么，证诸历史，却有相当的准确性。中国文明向来是，只有亡国家，没有亡天下。天下之所以亡不了，正因为，文明自有其威严。政治是一时的，文明才是永远的！正因有此威严，故而中国文明挨得过五胡乱华，度得过蒙古铁骑，也化得了八旗刀兵。

但是，有些政客并不理会这种威严。为了政治目的，他们想方设法，要斲害这个文明。于是，这斲害，由缓而疾，由浅入深，从部分到全体，骎骎然，二十年矣！二十年来，民间的伤害，其实有限；虽说情绪一时有了混浊，但因根柢深稳，真要斫毁，老实说，并不能够。最可怜的，还是知识分子与文化人。他们受五四影响，传统的根基，本来就比民间脆弱；再加上这二十年来，没完没了乱纷纷的"论述"，永无止境闹哄哄的争议，二十年的折腾翻搅，遂使许多人在精神上，空虚彷徨，不知何往；他们在心灵上，已然无家可归。你若言"传统"，他还会问你，是哪一个"传统"？

因为无有归宿，因为无以安顿，如今许多知识分子，生命之轻，胜似飞絮；精神漂泊，宛若浮萍。结果，一群老大不小之人，成日嚷着要流浪，也实在不堪；而躁郁症蔓延之疾之广，更几乎成了另个“奇迹”。在台面上，最长于议论的知识分子，眉头常也最为深锁。他们之中，有人戾愤，有人烦躁，有人苍白；更有人忙碌终日，看似繁盛，实则早被虚无主义紧紧缠身：走在路上，坐在桌前，忽地一个出神，竟不知自己身在何处，自己又是谁人？

归去来兮，归去来兮！田园将芜，胡不归？都说，我们的文化底蕴深；都说，我们的传统根基厚。但二十年的消磨，那传统底蕴，而今何在？天地闭，贤人隐：只见有识之士，喑哑无言；只见俊彦高人，沉潜默然。传统的价值，一路剥离；传统的价值，由显转隐。自家的传统，因政治不正确，只能低调地说，只能默默地读；谈自家传统，竟“像”是，孤臣孽子。

结果，因孔子热暴红的某名家，许多人看了，频频摇头。但是，再怎么摇头，自诩儒释道传统深厚的我们，现在，放眼望去，一时半晌，竟不知哪儿找人来谈谈孔子？！

杨泽这样子问道。

杨泽是《人间副刊》的掌门人。《人间副刊》长期引领文化风潮，至今，与《联合副刊》仍为最具影响力的文化版面。一年前，杨大哥打电话邀写孔子；一时间，我也不甚把握，只能回他，先写看看，试试再说。结果，写了《素面相见》；蒙他不弃，颇多鼓励，遂又接续写了《孔子九章》。从二〇一〇年一月，半年内，我在《人间副刊》登载了七篇孔子文章，每篇约略三千字。如果不是杨大哥，大概就不会有这本书。今日成书，首先要谢谢他。

又因出版社隐地先生的盛情，《孔子九章》收入我《万象历然》一书，很快就出版了。七月我到北京，与新星出版社的副总刘雁以及责任编辑饶佳荣见面；提起《万象历然》，他们希望我将《孔子九章》扩充，写成一本孔子的专书。我应允回台之后，再慢慢酝酿。于是，又隔一月，变换了形式，遂有《论语随喜》。写了三则，我投寄给《联合副刊》，才一个小时，《联副》主编宇文正来信问道，如果会一则一则接着写下去，那么，帮我开辟个专栏，如何？

谢谢宇文正。就这样，《论语随喜》专栏开张，两周一篇。于是，二〇一〇年，岁次庚寅，前半年，我在《人间副刊》谈孔子；后半年，我在《联合副刊》写《论语》。而今，结集出书，将与大陆朋友见面。此时此刻，我想起了二十年来的变化，也想起了百年来中国历史的变局。潮起潮落间，我同时也看到，花谢寂寂，又花开。一个个政治的弄潮儿，浪头再高，锋头再健，终究已然被历史淘尽。而文明如花，眼看它枯萎凋谢，才惋惜，才嗟叹，但一转眼，却又寂然花开了。在那潮起潮落间，我于大洋之西的乡野之地，静静地写着这本孔子之书；而在这花谢花开里，我住在中央山脉海岸山脉的纵谷平原，仿佛听到了文明之花轻轻地绽放，这绽放的声响，虽然细微，但分明有个新的节气。

辛卯年节气立春，秧苗新绿，薛仁明记于乡下居所

附录

他的文字集大气、静气、生气于一体，让读者随着他的笔底春风一路踏溪寻花而去，但见沿途风光无限，幽香处处。

谈薛仁明

倪再沁

要我谈造型艺术，绝对可以头头是道。因为，我在这里面跑了三十余年。然世间学问何其庞杂，人生却又何其短促，以致专精者众，宏通者寡，我当然属于前者。老友林谷芳终年只穿着一件米色单衣，不论在吐鲁蕃或长白山上皆如此。他的学问亦然，也是自在无碍，遂得言语三昧；有好几回，我们应邀在讲台上对谈，主题都是我的专业范畴。但他老兄一样是以不变应万变；不必准备，更不必套招；只见他神闲气定，依旧是四通八达。如果情景互换，谈的是表演艺术或禅学，那我肯定是傻在台上。要我谈老本行以外的主题，免谈！

由于在大学艺术所任教，得识既沉敛又亲切的薛仁明，知他才气纵横却隐于乡野，也知他终将拔剑出鞘。当他写胡兰成论文时，每写一章我就先睹为快，才知他治学之广博且深刻。其为文也，剖析细腻，见解独到。不论历史人物、禅宗道学或书画戏曲，从不为众说纷纭的外象所蔽，而能直探本体。可以极幽微，又能吞吐开阖，出入无碍；难怪他也是不分寒暑只着一袭赭红色单衣，像是打通了任督二脉。某年艺术所师生赴乡下野游，某生见我穿得很不搭调，建议我也来一件单色棉（麻）衣，可以成就一道文人风景。我一向畏寒怕热，要我终年一以贯之，不必了。

胡兰成，是一个极受争议又复杂难解的人物，其才华与器识可谓水深浪阔，一般人难以探其究竟。我年轻时也读过《今生今世》和《山河岁月》，说老实话，很多地方都看不下去。因为胡太大，而我太小；因为胡太深，我太浅。不过，也不能全怪我，胡不但是在生死成败、善恶是非边缘上安身的人，他的文字也颇为边缘，有时让人觉得妩媚，有时觉得生涩；有时觉得似诗，有时觉得像杂文，总之如此夹叙夹议，面向广阔、意气兴发的文章，读来颇为辛苦，勉力读了几回之后，也就将胡束之高阁了。所以胡兰成之于我，不熟。

孔老夫子，是一个早被定型化的历史人物；他老人家到底有多大，我并没兴趣研究。不过，为了考大学，国文项目中的中国文化基本教材《论语》，年轻时也曾不求甚解地背得滚瓜烂熟。当年读的是朱熹所注版本，授课的老师也一副夫子样，因之我的《论语》体验，显得非常严肃，不仅正经八百，还道貌岸然。无怪乎考完试之后，就再也不愿看到有板有眼、老在训人的至圣先师了。其实，自五四运动高喊打倒孔家店之后，孔子就俨然是逐渐僵化封闭的传统文化的象征，即令高喊复兴中华文化运动，每年也都有祭孔大典，但就像供奉在殿堂的神祇，只能令人敬而远之。这样的孔子之于我，没兴趣。

薛仁明的硕士论文后经由如果出版社印行，《胡兰成·天地之始》是他的第一本著作，由于能出入于历史考证、生命境界、禅宗修行、艺术美学……，又能回到人情之常平视一切，遂能全面观照且如实描绘胡兰成错综复杂的人生道路。无怪乎此者一出，旋即惊动文坛，热烈的讨论，不仅使后知后觉如我者重新看待胡兰成，也不觉跟着薛仁明的视野观照了自我的生命情状。

继胡兰成之后，薛仁明的《素面相见——孔子九章》再度引动视听，虽然表面上没有像论胡那么成功，但在众多读者心中扰动的波澜，恐怕更为强烈。何以如此？因为我们都是至圣先师孔子的“弟子”。谁没读过《论语》？谁不能来几句“子曰”？谁能避得开儒家孔门的影响？薛仁明“谈”（而非“论”）孔子，就像在替相识已久的老朋友讲几句公道话，而且经常把他摆在今日的现实情况里来比拟，所以不必说理，就能使人因“同情”而接纳之。也只有真正的知音，能把早已概念化的孔子描述成如此有趣、清新、通达且生机活泼的寻常人物。通过薛仁明所看到的那个亲切的孔子，再重新看过《论语》，从前认为尽是大道理的“古训”，竟如此易解，读来令人神清气爽、趣味盎然且气象万千。

让胡兰成复出江湖，又让孔子重新出土，在我看来，这仿佛是绝处逢生的事业。此所以薛仁明像是林谷芳常说的那种“一击必杀”的狠角色。而这样的人物，却又只是住在乡野，带着妻小过着再简单不过的居家生活；与之相对，也不过带着腼腆笑容，闲话家常而已。

踏溪寻花去

杨柳青

偶然间在《人间副刊》拜读数篇薛仁明先生谈儒、谈孔门的文章，阅后神往不已，回味无穷。过去意念中一贯端坐高墙、肃穆俨然的孔门，透过薛先生的笔，由后世供奉的圣坛步下，还其可能的本真面貌，竟是这般如沐春风、可喜可亲，在思辨处照见情致、醇厚中不失性情，如此美妙的阅读经验是我往昔浏览世人评析论语和儒家所未曾得见。

或者，更精确地说，薛先生文章的万千气象何仅在于孔门一家，更是直扣生命哲理的探问、追寻与慰抚。他的文字集大气、静气、生气于一体，让读者随着他的笔底春风，一路踏溪寻花而去，但见沿途风光无限，幽香处处：始人山谷，观绿荫葱茏，见山是山。及至半道，草木偕隐鸟语俱静，山非山兮水非水。忽忽流转，乍然间柳暗花明豁然开朗，见山又是山。此际便纵环顾四野一片苍茫，那山的形体与轮廓却是分外妩媚清朗，就中一盏心灯明亮。

我是怀抱如斯赞叹的情怀，在读完薛先生的文章之后，忍不住提笔而就，一抒心中触动："喜看薛仁明写孔子，淑世的浪漫，可敬亦可亲。如此生命底蕴，庸碌世间难有，故品味今人多似嚼蜡：已登峰顶者，形如大鹏遨天，神比麻雀啄粒；立志青云者，看似玉树临风，实则中空腐朽；纵有经世之想者，或志大才疏，或情调乏味。举目名利加身者，所思物欲是问，所行自扫门前，如此红尘，无怪苍凉鄙薄。”

当日触动，而今回顾，依然触动。身为一名读者，至大之幸福，莫过于在辗转于扉页，流连于笔墨，跟随作者行旅于字里行间的千山万水之后，仰观云开月见，振臂长风当襟，那真是明月清风照影来，无上的幸福。而此刻，在书如积云乱迭的案牍间，我静静打开薛先生的“万象历然”，再次沉吟，再次感受，千声万回萦绕我心者，仍是那般，淋漓的幸福。

孔子的天下文明

——读《孔子随喜》

杨晏来

孔子适周，将问礼于老子。老子曰："子所言者，其人与骨皆已朽矣，独其言在耳！且君子得其时则驾，不得其时则蓬累而行。吾闻之：'良贾深藏若虚，君子盛德容貌若愚'。去子之骄气与多欲，态色与淫志，是皆无益于子之身！吾所告子者，若是而已。"——《史记·老庄申韩列传》

一、一个人的儒学

尽管有老子的提醒，孔子的道路，到底还是那么曲折。

晚周之际，太山颓，梁木坏，哲人萎，然而天之未丧斯文也，有圣人孔子以述为作，铺衍文明，教化四方。孔子不是儒家，至少不是孔子以后的儒家。孔子之后，儒学一分为八，子夏传其文献，因其门人应所知量各有不同，各自取一瓢饮，遂与孔子本人的学问渐行渐远。

后世，谁人与孔子的学问相近也真难说清。

表象上，继承孔子学问的是思孟学派，这也是后世最容易被人接受的说法。而思孟学派往后发展，儒者多成了道德专家，以至于今天一般人提起儒家，首先想到的是“仁义礼智信”，且稀释掉了丰富的内涵，就只剩个臆想出的笼统“好人”。本来，慈悲之人多愚笨，儒生的老实迂腐、不堪一击，遂为历代统治者所利用以装点门面。“内用黄老，外示儒术”，本来就是朝野公开的秘密，可偏偏就是这帮儒生“不信邪”，哪怕汉宣帝（见《汉书·元帝纪第九》）和毛泽东（见《七律·读〈封建论〉呈郭老》）直接嚷嚷出来，他们还不死心。

秦汉之际，所谓儒家，实已命若悬丝，到汉武帝时期，文化开始复兴，士大夫始反思春秋战国之弊，为现实抵御夷狄而虑，且大一统思想又已深入人心，遂有董仲舒建议：“今师异道，人异论，百家殊方，指意不同，是以上亡以持一统，法制数变，下不知所守。臣愚以为诸不在六艺之科、孔子之术者，皆绝其道，毋使并进。”（《天人三策》）于是，思孟学派成为中华文化的主脉（虽然民间并非如此）。

天下承平既久，儒生气量愈狭，言说愈酸，所见甚小，是古非今，不能守正创新；惟是单纯复古，先是酿成王莽之祸，其后导致天下大乱。三国如此壮阔响亮的时代，江东的腐儒及为曹操杀害的孔融之流，到底沦为积弊难返的沉痕，殊可叹也。而西蜀历经诸多忧患与重创，诸葛亮尚且能稳守江山，除了他执法严明以外，端的靠的是巴蜀道家风气能养民。魏晋尚三玄，且有佛法传入东土，遂致文化大兴，一切都似乎卯足了劲，只为隋唐盛世做着准备。彼时，儒者个个文采风流，昨日的贞刚与悱恻，转眼间，化成了贞观开元的气象与风骨。可文章以外，儒学到底迂阔，又恰逢佛法全盛，遂高者尽皆入禅。

后世的宋儒，不以唐代儒生为然，就是认定他们根本没有继承孔孟之道，只会写写诗，雕虫小技，应景无聊，程颐还引杜诗来说明，生怕学生们不心悦诚服。宋儒同样瞧不起苏洵父子这样的人，因为不能忍受他们对佛道的礼敬，觉得那是没骨气，丢了儒家的脸面。宋儒完美地继承了色庄者与君子者各一部分，以师儒之道自居，公开讲孟子以后就是他们了；气魄之大，前无古人，实在也令人动容！他们在禅宗的刺激下，从道佛的滋养中重整理论；他们擅自篡改经典，不改就不能在理论体系上分析得周密；他们精勤无比，力图在抽象的思索中穷极物理。后来王阳明讲《大学》与朱子有异，但理论完全不能与朱子相匹，讲心性就比朱子还封闭，因为阳明不能解说自己的事功，教导学生如何诚意正心比宋儒更过分，以致于阳明的后学才真真是百无一用。

汉唐的儒生虽然老实，但老实也有老实的好处。宋儒以后则更糟糕，把道理悬得太高，儒生多被一种情绪化的迂执所缚，要么即堕落为十足的伪君子。冻地寒天里，陆象山一句“君子喻于义，小人喻于利”，能声情并茂地讲几个时辰，令朱熹挥汗如雨（心不安之故，自忖无此口才），朱子的弟子们则嚎啕大哭。别义利固然重要，可下面那些儒生又有什么义利可别呢！这么讲下去，儒家只剩下狭隘的道德与实质的柔弱。如此，一直影响到五四以来的反弹，有胡适、鲁迅诸君揭露“礼教吃人”，主张全盘西化，一直到“文革”中的“批林批孔”，骨子里明明是宋明儒靠情绪撑起来的虚无。

五四以来的新儒家，其实是讲儒学的西方哲学专家，冯友兰、牟宗三最为典型。而如今，新儒家已经在学院的鲜花与掌声中昂首迈进

“儒学第三期”。新儒学延续到了第三期，析理辨微，俨然体大思精，比起西方哲学似乎毫不逊色。因为儒家文献多，可去解读的问题是无穷无尽的。可到了此刻，所谓儒学，怕是与孔子的儒家，或儒家的孔子，已经没有什么关系了。

文化应该多元，否则社会必然积弱，或走向歧途。孔子被误解得太久，他的学问本身就是多元而丰富的。最能全面继承孔子学问的其实是颜回，我们可以感受到《论语》中颜回和《庄子》中颜回的气质简直判若两人，其实只是一个他。同一个颜子，我们已经不能辨认，就已经匆匆地宣扬儒学了。我们所宣扬的儒学又是哪一家的呢？

二、国学复兴中的孔子

文明的道路，就是如此艰难的。

九十年代以来，中国人文化饥渴逐渐加深，重新看取自家的学问，兴起了所谓的“国学热”。一夜之间，陈寅恪成为传奇，紧接着章太炎、王国维、马一浮等民国人物一个个走红，同时唐诗宋词元曲明清小说常年畅销，许多中学生手里捧着纳兰词，儿童读经成为共识。媒体商家高校联合打造学术明星，在电视上讲授传统文化。孔子学院在全世界遍地开花，九米五高的孔子像矗立在天安门广场（现在已经移换了地方）。放眼望去，仿佛国学已然繁荣。

仔细一看，不对。讲了半辈子“独与天地精神往来”的人，担心死后不能进八宝山；刚刚还对着学生“不义而富且贵，于我如浮云”的人，下课后就匆匆忙赶去“浮云”；《黄帝内经》如此抢手，据说养颜美容效果极佳；普天之下几人能懂《孙子兵法》，居然人手一本，以便在商场上战无不胜……听名家们讲得精彩明白，听完之后，与自己的生活还是“两张皮”；而国家博物馆前面“孔子”的形象，分明地纯乎是宋明儒对思孟学派的极端想象，难怪有人说孔子是为统治者服务的，如果他手上提一把剑，也许会离孔子近一些吧。

我们离真正的国学，离孔子，还远得很！

说孔子，不能不提《论语》。汉三家《论语》，自孔安国到邢昺历代学人，权威集解，依次替代，至朱子而成一言堂。近人程树德先生《论语集释》，力避门户之囿，学界咸以为通读此书，《论语》就算过关。其实，《论语》何须如此过关呢？郭店本、敦煌本，专家学者外，鲜有人寓目，而更重要的定州汉墓竹简一个汉宣帝时期的残本，则与如今流行的版本，竟然相异达七百多处！到底哪句话才是孔子说的，人言言殊；但倘若要这么读书，那么，《论语》让人敬而远之，则属自然而然。

其实，若有慧眼慧心，即使是一个残本，也能读出生命的古今纵横，也能读出圣人的微言大义。反之，学院之学术辨析愈是精微，源流考证愈是详细，那么，《论语》就越模糊。《论语》可穿凿的余地还不是很够，《老子》更惨，学界单单阐释《老子》的文字早已超过五千万，据说也都解释过“曰慈，曰俭，曰不敢为天下先”。龚鹏程先生在《三教论衡·自序》中言道：“孔子与儒学其实也是不难懂的。童年一晤，握手成欢，那时我事实上就已经懂了。后来的积闻研练，只不过是与那些把孔子和儒学解释得歪七扭八的各种说法、把孔子和儒学乱批一通的各类反儒言论相纠缠罢了。为了证其误、订其譎、明其踳驳纠缭，而费了许多年许多工夫，回想起来，实在颇觉不值。学非所以见道，徒疲精神于辨讹，哀哉！”这意义很大，但这路子恰当与否，实值得商榷，因为毕竟“颇觉不值”，毕竟“哀哉”！

如今，许多背离孔子的学说，又借着尊孔的名义，借尸还魂。说到为谁服务，孔子志于道，为天下服务，他不悖天道，不昧人情。阿难向释迦撒娇，孔子也宠爱子贡。李白嘐嘐然曰：“我本楚狂人，凤歌笑孔丘。”谪仙和楚狂才真的是孔子的朋友。又孔子重视道德，却不会只讲道德，那样的话，道德就根本保不住。可惜直到今日，人们心目中儒家的道德，仍然是宋明理学的，高校里讲授《论语》皆以朱熹的注解为宗，实在是扼杀《论语》。

在《论语》形成的年代里，苏格拉底、柏拉图正面朝大海神思终极，释迦牟尼的门人也正修纂着佛经，而在黄河流域的井田间阎，则有百家先贤与天地揽臂游嬉。于彼光阴下，一部简素的小书《论语》出世，汩汩静水深流而去，涵养了华夏子民两千五百年，虽历经险曲，至今弥见其熠熠鲜活。如今文字讯息泛滥，而《论语》区区万余字，其精义历久弥新，原因何在？因为《论语》就是讲的家常话，用于个人修身，可及于草野之豚鱼；用于齐家治国，可调理鼎鼐之经纬。质言之，因为它与我们，与中国人的生命是息息相关的。自汉代始，读《论语》不过与《孝经》一样，属于儿童启蒙读物，读着高兴就好了嘛！我们是离素读《论语》太远了，离真实的孔子太陌生了！

三、薛仁明《孔子随喜》的启示

《四书集注》让我们感受到朱子的中规中矩，博学勤思；《论语译注》

让我们敬佩杨伯峻先生严谨雄厚的朴学；《论语今读》有李泽厚先生对时代的思考。至于《论语别裁》，则分明是南怀瑾先生气贯长虹的风姿和气魄；有学者以学院那早已异化的眼光对之吹毛求疵，其实，都是自取其辱。

“我在说话，话在说我。”不论哪一家解读《论语》，映现的，首先是作者本人的心量和才识。于是，今天我们便欣然读到了行者薛仁明先生素读《论语》的心得报告——《论语随喜》。

薛仁明笔下的孔子及孔门弟子是素面的，他写得平常、朴实、可信，仿佛是自家的生活记录。究其原因，作者与《论语》里的风光，不像我们大陆这般隔膜，所谓风吹花开，有什么样的土壤，就容易出什么样的人才。

薛仁明来自乡间。那里的文化底蕴是不容忽视的。自郑成功击败荷兰殖民者，不少江南才士即移民宝岛，创诗社，建孔庙。康乾之际，那里也成了士绅主导的耕读社会。若非如此的文化背景，很难想象后来梁启超、章炳麟到岛上与何人交流。甲午之后，日人于政治经济压榨外，于文化干预却不多，从赖和、吕赫若等早期本土作家的描写中均可窥见，有几任总督都是中国通，惟其殖民最后几年，末日恐慌中推行了歇斯底里的“皇民化”运动。光复后，“文革”刺激当局推行文化复兴运动，知识分子也卯足了劲，大有为中国文化继绝存亡的悲慨，阐扬尧舜禹汤、文武周公、孔孟之道统。至今，诗人郑愁予也将孙中山先生与尧列齐，而他自谓最重要的作品《衣钵》即为纪念国父而作。陈先生著书立说，亲自授课。高层则强调伦理，推崇阳明学，为此还被满口民主科学的胡适反驳过。更重要的是，南怀瑾先生在民间授课，从高级官员到贩夫走卒，有教无类。此外，宗教界人士，尤其佛教界领袖们大兴佛教，使得佛教文化传播在当今的宝岛竟是一枝独秀，看“随喜”这词就知道了。

是这样的华夏文明，哺育着我们的民间社会，哺育了薛仁明。而《论语随喜》这样的文章，也还端赖他写出来。他的任何议论皆出自亲身所感，所以，我们觉得似曾相识，自己要说而说不出的话，被他道着了。也所以，他看世事，往往更能扣住本质，此所谓格物致知。薛仁明多年与主流社会保持距离，使得他更能够准确地看到当下社会的诸般营为与造作，所为何物，所为何来。几年前，禅者、音乐家林谷芳先生在一篇叫《大风起兮》的文章中写到：“他（薛仁明）僻处乡野，却观照古今，谈起徐州为何出豪杰，连徐州人也不一定如他通透。有天他约我去他家，拜访一位送我禅堂法书、已退休的萧姓老师，及至一见，才惊觉在这两人身上，竟可以映照出多少台湾当前的局限。”薛仁明不是孔子专家，他写孔子，只是应缘对话，闻风相悦。从头读到尾，这是一本令人神完气足、平正阔大的小书，掩卷沉思，不禁思量，怎不思量？故曰《孔子随喜》，欺君不得。

《孔子随喜》观照当下，命意曲折，也像孔子般的心忧，不乏对匹夫匹妇的怜惜与怒目。因为，民间的人情物意，也正遭受着现代社会种种无明的威胁。文明是要靠教化的，当今文化人先是纠缠于传统与现代，如今又鼓动中国文化与本土文化的隔阂。高校里开设了文学系，无怪乎小布尔乔亚的忧伤自恋情绪蔓延在整个文化界。当“去中国化”泛滥成风时，孔子可如何栖身呢？而一些学院中讲授传统经典的方式方法，又是别无二致的西化套路。于是，最令人担忧的是一代又一代的青年学子。如今虽国学热方兴未艾，但学院里要么是乾嘉朴学的路子，要么是如程朱理学、西方哲学一般地遨游于语言逻辑的玄思，亦其弊甚多。

薛仁明的志向，是要提供另一种路径，一条修行的路径，一条与物无隔，能够吃饭睡觉之时，亦可触摸孔子天下文明的路径。在这条道路上，我们可以活得实在一些，安宁一些，我们可以不忘其忧，不改其乐。《孔子随喜》其实是他的老婆禅。故曰所言随喜者，即非随喜，是名随喜。

却说，那次孔子问礼于老子，反被骂了一顿。如来是真语者，实语者。老子说的也都是实话。而孔子，到底还是做了他该做的事。华夏文明也到底是靠了他才能延续。回想当年事，悠悠千载，沧海桑田，令人想见其高远迷离。而眼下是，孔子的天下文明开始复兴。薛仁明向我们呼唤：素面看孔子！

〔作者杨晏来，现居北京〕

喜怒别裁

——从薛仁明《孔子随喜》谈起

杨典

古代不谈了，大约自一九一九年以来，国人读《论语》或谈孔子，便一直带着一副莫名的愤怒面具。此愤怒从“打倒孔家店”一直延续到“批林批孔”。而愤怒来自何地、何人、何因？我们自己都不知道。似乎是“别人都愤怒，于是我便也愤怒”而已。譬如一九七二年我刚出生时，满世界都充斥着一个标语，就是“批林批孔”。我母亲说，我两岁时常发高烧，而且极害怕打针。但到医院后，一见到医生举起针头，我就会大喊一声“批林批孔”，医生往往吓一跳。但究竟谁是孔老二，我是不知道的。总之，大人们都这么说。看他们的表情和样子，这个词就像打针一样，代表着紧张、恐惧和愤怒，代表坏人。

直到上世纪九十年代，日本作家井上靖的小说《孔子》，和一本南怀瑾的讲义《论语别裁》，在短时间内风行于读书人之间，于是才突然便稀释了内地人对这位儒家掌门人的酒精中毒状态。因为人们忽然“意外地”发现，原来孔子并不是坏人。相反，他很平常，就像我们的一个邻居。只不过这个邻居总有太多的话我们听不懂，需要解读。他本来很简单，但说起话来却总是有些模棱两可。

最近这些年，那研究、炮制、调侃、演绎、模仿或利用孔子，折腾孔子的人更是越来越多了。孔子像一件戏服，被一拨又一拨的老生或旦角们穿来穿去，唱着各种折子戏。但真正把戏文说到骨子里的不多。其实给《论语》搞修正主义，历代就有，如唐时就有人想把名字改成“鲁经”，并非新鲜事。而近日读薛仁明《孔子随喜》一书，倒更是让我意外。因为这里的孔子，更反常态，俨然已是一位朴素的平常人。去年，我便已读过薛仁明写胡兰成的《天地之始》一书，很为其中旁征博引之跳脱所动。后在他《万象历然》一书中，也看到过关于孔的数篇随笔。薛对孔子的态度，虽非环环紧扣，但也是“飞檐走壁”了，的确令我看到了一种新气象：这便是一种儒家特有的自在，与类似释家狂禅的大天真。

不过，一切“新气象”若诠释得太多，又会落于文字空相。在此，我只简而言之，便是我看到了一种“中国读书人对孔子从愤怒到喜悦的转变”。姑且叫转变，是不得已。也可以说是重新认知，也可以说是返归原点。总之，这喜悦的学说，皆为忽略掉的一个盲点。因无论是李零的“丧家狗主义”或钱穆的“《孔子传》派”，皆无此欢喜气象也。更遑论各类娱乐化的孔子形象了。

儒教过去称名教，即崇拜“名正言顺”与“名”的万能。胡适在《名教》中说：“名即是文字，即是写的字。‘名教’便是崇拜写的文字的宗教；便是信仰写的字有神力，有魔力的宗教。”说到底，即是将礼教（制度）、文字（文化）和孔孟（偶像）统一起来的一个准宗教。

对孔子的误读和激烈批判，其实并不是一个历史巧合，更非政治时代的偶然利用。他们都是国民性与人性的典型现象。即将一种本来很自然、恬淡的精神生活宗教神权化。这不仅在知识传播相对闭塞的时代，就是在当代，在所谓“新儒家”把学问时尚化，情况也未尝有本质改变。因那似乎只属于极少数“并非深刻的幸运者”。譬如当于丹因说“心得”而惹了众怒时，那些批判于丹的人依然说的是“孔子很生气”之类的话。愤怒的回归仍是愤怒。而《论语》之治学，与古希腊对话录、基督教神学、十八世纪启蒙哲学或二十世纪分析哲学皆截然不同。最不同的根本点，大概在于《论语》没有系统逻辑和辩证分析。就是强调“以直报怨”时，也从不生气。因《论语》里的话，大多是孔子本人，或孔门之人一言以蔽之，一步到位，且点到为止。来龙去脉完全凌空，背景资料几乎是零。这种高深的探索和集锦，更容易被神学化。

但这恰恰是个最大的误会。儒家称教，也并非汉武帝、董仲舒、朱熹或宋明理学、心学的错，而是一个民族思维定势的必然结果。而从人心与修行的角度说，《论语》其实是反对一切僵化思维定势，是真正标榜“知行合一”之范本。或如用薛仁明之言：“孔子门庭那鱼跃龙腾之胜景，后世最可见者，不在儒门，反倒是在禅门师徒之间。”

此外，薛仁明之书也不避时事，从颜回、子贡、曾子与孟子的区别，一直谈到了胡玫的电影、美国政治和社会风气……此书令我亦喜悦，深入浅出，也是关键。而不落于小学之窠臼与训诂晦涩，还孔门师徒一团原始欢笑，却正是我们这一代人或缺乏的心气。我们诞生于仇恨的时代，受的是仇恨的教育，面对仇恨的社会，充满仇恨的阅历，哪里来的欢喜？而想要突破这仇恨的外衣，大约首先就要考虑如何忘记一切“思想和问题”，而善于去“游于艺”。薛也曾谈到：有人问他，在研究所里头，有几个永远说不清的问题，他怎么有办法用简单的几句话，就说得大家清楚明白了呢？薛当时便笑道：“因为我比较没有学问呀”。

这“比较没有学问”，实乃一句最狂狷的话，也很令我中听。

薛看似随和，其实颇有狷气。好似民国“打倒孔家店”者也未必都一个脸谱，如林语堂就写过很多关于尊孔的文字。他的戏剧《子见南子》尚且不谈，林还曾在《狂论》一文之开卷便言：“我尊狂，尊狂即所以尊孔。尊孔即所以贬儒，使乡愿德贼无所存乎天地之间……尊狂即所以尊孔，盖狂者为孔子所思念。”当然，林语堂也多论孔子的“幽默”，而他这种狂狷仍有民国范儿，多少还带有一些愤怒懊恼的影子。而薛仁明之人与文，更多了些宽容。这似乎也意味着中国人对孔子的认识过程，也是从狭隘的文字学走向更宽容的人性的过程。古代不谈，这个过程说短了，自新文化运动以来也有将近一百年的历史了。而看薛的书，就像与之午后闲聊，不经意间便将繁杂心绪以嬉笑挥散而去了。犹记得他去年来京时，到我工作室喝茶。我这人不善待人接物，薛一人最健谈，纵横乎书、茶、琴、戏、胡兰成等无不涉及，却又无一挂碍于心。只是当他走后，会给你留下一种欢喜的氛围，可待追忆。这就好像我们掩卷一册好书后，便出门办事去了，似乎什么也没想。等过了些时日，看见浮云流窗，人间炊烟，忽然又依稀记起了书中的话，喜怒之间，于是便恍然有所悟矣。

〔作者杨典，作家、琴人、画家，现居北京〕

王财贵先生对薛仁明先生文章的评论

2012年9月27日在北京首届读经教育高端培训交流会上，王财贵先生邀请到正在做新书发布会巡回演讲的作家薛仁明先生到培训会现场，为学员做了一个小时题为《我眼中的中国文化》的演讲，下文是薛先生演讲结束时，王先生对薛先生文章的一段评论记录。

我拜读薛老师的书，有一段时间了，但是初见面也是在一个月前而已，那一见如故啊！蒙薛老师不弃，他这一次的巡回新书发表会，北京这一场，特别邀我跟他对谈，而且只有邀我一个哦（先生笑，薛师哈哈笑）。

那一天，我用两句话跟读者们总括我读薛老师文章的感受。第一句是“朴实有华”。古人有句话说朴实无华，薛老师的文章确是朴实，所谓文如其人，大家看他，长得是不是很朴实——意思就是并不是很好看（先生笑，薛师笑），但是很可爱啊！这个样子，叫朴实有华啊！（众人鼓掌）

人既然如此，他的文章一方面看起来很是朴实，遣词造句简洁明快，讲的道理明白晓畅，不造作、不忸怩，悠然自得，但是字里行间又流露着华美的气息。这份华美，不仅有山林之美，还有庙堂之华。

因为薛老师长期隐居乡野，乐在山林，所以有山林之美，但是他所写的主要内容是儒家的精神，是文化的情怀，所以又有庙堂之华。把这两种美融合在一起，不容易啊，所以说他的文章华美。

第二句话是“活泼厚重”，从文章可以读出他心思的活泼，你看《论语》的两句话，他就可以搞成一大篇，稿费这么赚啊！（薛师哈哈笑，众人笑，众人鼓掌）不活泼你怎么可能有那么多的感受呢？但是这个活泼不是活蹦乱跳啊，它又是很厚实的，它是有重量的。所以“朴实而有华，活泼而厚重”，这是我对薛老师文章的评论。或许薛老师还不很满意，认为可以更好些，但是我只能形容到这里，（薛师笑）这已经是竭尽我所能的形容啦！（先生笑，众人笑）

另外，我记得当天一位读者问到怎么评价韩寒，薛老师的回答很有启发性，顺便跟大家分享一下。薛老师说：“韩寒聪明、锐利，不仅是眼光锐利，文笔也很犀利。”所谓行家一出手，便知有没有，文章家对于文章家，当然是一下子就能鉴赏出来，所以薛老师表示很欣赏韩寒，真是英雄惜英雄啊。不过薛老师不免觉得有些遗憾，他说韩寒文章虽然可读性相当高，但是似乎少了些文化的底气，所以对时事有相当出人意表的见解，但是如果只黏着在事情上说话，事情过了呢，文章可能也就随着过了，而且人不能永远年轻，永远只凭聪明。所以薛老师认为我们面对事情，最重要的是看用什么样的心态，乃至于站在什么样的层次来看问题。如果背后有深度的底子作源头，任凭时过境迁，但是其中的道理都还在。

各位！你们看薛老师温文尔雅的，其实他是一个相当有自信的人，他说别人的文章或许三年五年就过时了，有些号称名家的，三十年之

后他的文章还有没有人读，都成问题。但薛老师说“三十年之后必定还有人读我的文章！”（众人鼓掌，薛师笑）

所以我劝各位同学，可以多看薛老师的书，如果经济能力不够啊，买不起书的人——一本书二十来块，蛮贵的啊，（众人笑）在网络上也可以搜索到一些他的代表作。希望大家多认识薛老师——因为他也是跟我一样从南方来的！（先生笑，薛师哈哈笑，众人鼓掌）